JN098127

司法試験・予備試験

出題趣旨・採点実感アナリティクス

論文対策の道しるべ

アガルート講師
石橋侑大

中央経済社

は じ め に

　本書をお手にとっていただきありがとうございます。この本を手にしたということは，「司法試験や予備試験でどうやったら合格答案を書くことができるのか」について悩んでいるのだと推察します。あるいは，日々自分で行っている勉強方法が正しいのか否かについて不安を抱えているのかもしれません。

　本書は，そのような受験生の皆さんの不安を解消する画期的な本です。これまでに同じようなコンセプトの書籍は存在しません。さらに，本書の中には，試験委員が求めている答案のレベルを達成するために必要不可欠なことが「すべて」盛り込まれています。

「出題趣旨」と「採点実感」。
　司法試験受験生であれば一度は聞いたことがあると思います。

　この2つには，試験委員自身が「こういう答案を書いて欲しい」「こういう答案は不良の答案として扱うよ」と考えている採点基準や採点の観点が惜しみなく掲載されています。もちろん，鵜呑みにしてはいけない指摘も存在しますが，総じて，**最も信用できる司法試験の攻略マニュアル**と言えるでしょう。

　そして，この司法試験の「出題趣旨」と「採点実感」は，**予備試験においても通用**します。なぜなら，予備試験はプチ司法試験と言っても過言でないくらいに，その出題傾向やスタイルが司法試験に類似しているからです。

　そのように考えると，司法試験や予備試験の受験生にとってこの2つは読み込むべきものです。しかし，読み込めている受験生は残念ながらそう多くはありません。

　理由としては，平成20年～令和4年分まであるため膨大で読みきれないこと，目を通したとしても，注目すべきポイントがわからず中身を吸収できないまま終わりがちなこと，読んだことを実際に答案に反映しないまま終わりがちなことがあるでしょう。

　しかし，**攻略マニュアルを見ずに司法試験・予備試験の学習を進める**ことは効率が悪すぎます。

司法試験や予備試験は，大海原に投げ出された後に試行錯誤してゴールまでたどり着くアドベンチャーゲームのようなものです。

「ゴールがどこにあるのか」「現時点での自分がそのゴールとの関係でどこに立っているのか」「そこからゴールまでの最短ルートは何なのか」がわからないと，**何年たってもそのゴールにたどり着くことはできない**のです。逆に言えば，求められている事項を本書で正しく把握し，それに沿った勉強方法を模索し，見つけ出せば，試験本番で多くの受験生に対してアドバンテージを持つことができるということにもなります。

本書では平成20年〜令和4年の「出題趣旨」「採点実感」の中から一般的な指摘（その年度に出題された論点にしか妥当しない指摘ではなく，全年度を通じて妥当しそうな答案の書き方や問題文の読み方といった指摘）を抽出し，それにコメントを付しています。

年間2,400通以上の添削を行い，毎週25〜30名ほどの司法試験予備試験受験生の**個別指導を行う中で感じる具体的な経験に基づくコメント**です。多くの受験生が陥りがちなミスやその解決法についてもできる限り触れました。

本書を読むことで，「試験委員が何を求めているのか」「その中で自分が出来ている事項と出来ていない事項は何なのか」「出来ていない事項はどうやったらできるようになるのか」を考える契機にしていただければ幸いです。

2019年に上梓した拙著『司法試験・予備試験Q&A50 論文答案ってどう書くの？』（中央経済社）において，私は「司法試験は恋愛と同じ」と述べました。本書はその恋愛相手が求めている「すべて」が詰まっています。ぜひ熟読して試験委員を骨抜きにしていただければと思います。

2023年春

石橋 侑大

目　　次

第1章

試験委員が求める論述形式について

あなたは　司法試験に　合格したい。
　▷試験委員が求める　論述形式を　知る。
　独自の書き方を　追求する。
　論述形式なんて　既に知っている。
　つかれたので　休む。

1 字の丁寧さ，誤字脱字，接続詞，法律用語，文章表現について

重要度 ★★★☆☆
攻略難易度 ★★☆☆☆

　字が汚くても得点はできますし，誤字脱字があっても大目に見てくれるかもしれません。しかし，字が丁寧で，誤字脱字がない答案の方が当然読み手にとって印象がいいのは間違いありません。1回読めば意味が通る「一読了解」型の答案であれば尚更です。

　答案は試験委員にアピールするいわばラブレターのようなものです。形式は点数に影響を及ぼしかねません。しっかり整えましょう！

❶ 字の丁寧さ

▼石橋MEMO▼

●平成22年行政法採点実感

　字が汚い答案（字を崩す）が多い。時間がないことも十分に理解できるが，かい書で読みやすく書かれている答案も多く，合理的な理由とはならないであろう。例えば，「適法」「違法」のいずれかであることまでは判別できるが，それ以上判別する手掛かりがなく，一番肝心な最終結論がわからないという答案も散見された。…字を判読できない答案には閉口した。字の上手下手があるのは当然であるが，そうではなく，読まれることを前提としないかのような殴り書きの答案が相当数あった。時間が足りなくなって分かっていることをすべて記載したいという気持ちは理解できるが，自分の考えを相手に理解させるのが法書にとって必須の要素と思われ，その資質に疑問を感じざるを得ないように思った。

> 結論わからないのはストレスだわ…

> それな

●平成23年行政法採点実感

　字の上手・下手は関係ないが，読みやすさは大切であり，書きなぐった感じの乱雑な（特に乱雑かつ小さい文字を多用している）答案は，読解に非常に難渋した。採点者が判読困難な答案を作成することのないよう，受験者には改善を求めたい。

> 読み手の気持ちを考えよう

●平成25年行政法採点実感

　雑に書き殴った字，極端に小さい字，極端な癖字など，判読困難な答案が相変わらず多く，中には「適法」と書いたのか「違法」と書いたのかすらわからないものもあった。例年繰り返し指摘しているところであるが，受験者が答案作成をするに当たっては，もとより読み手を意識しなければならないのであり，この点，強く改善を求めたい。

> これはアカン！

●令和3年行政法採点実感

　本年も，書き殴った文字，小さすぎる文字，極めてくせの強い文字，略字の多用等により判読不能な答案が依然として散見された。限られた時間内で答案を作成しなければならないため，多少，乱雑な文字であってもやむを得ないとは思うが，答案である以上，自分の考えを正確に理解してもらえるよう作成しなければ意味がない（可能な限り読む努力はするが，採点者が努力しても，物理的に読めない場合は，当該部分を採点に反映させることは不可能である）。他人が読むことを意識して筆記するようにしてほしいし，日頃から読みやすい文字で答案を作成する訓練をしてほしい。

> クセが強いんじゃ

> これは大事！！

●印象がいい答案

　字の綺麗さは点数に直結するわけではありません。字が汚いか否かは客観的に判定できる場合もありますが，基本は主観的なものなので採点項目に入れてしまったら不公平になります。

　ただ，私が講師として答案を採点していて，字が綺麗な答案の方が当然印象がいいです。

　例えば皆さん，想像してみてください。採点官は自分の仕事をしながら採点を行います。仕事で疲れた後に判読困難な字が広がる答案を添削するのは相当なストレスでしょう。

　私も毎週50～60通は添削をしますが，判読困難な字で書かれた答案を見ると添削する気が正直失せてしまいます。もちろん添削しますが，人間ですので悪い印象をもって採点を始めることになります。

　字が汚いことで，前後のつながりや答案の流れを把握するのに困難を伴うことはしばしばあります。場合によっては読み間違えをしてしまうことさえ稀にあります（私の場合は添削の後に指導をすることになるので不明瞭な記載の趣旨を直接問えば足りますが…）。

　本試験では，趣旨不明瞭な部分は令和3年の行政法の採点実感にも書かれている通り採点に反映されないでしょう。

　もちろん，今から綺麗な字が書けるようになるのは至難の業です。綺麗に越したことはありませんが，次のことを心掛ければ十分です。

- 1文字1文字丁寧に書く
- 漢字を大きく平仮名は少し小さくする
- くせ字をなるべく直す

　平成22年や平成25年の行政法の採点実感に書かれている「違法」なのか「適法」なのかわからない結論が不明瞭な答案は少なくとも避けましょう。結論は三段論法の最後の要素ですから，そこにも点数が振られています。**内容ではなく，字が汚くて点数を落とすのは非常にもったいない**です。

> (!)　「ここまで汚い字でもＡ評価が来たので大丈夫ですよ」と言う合格者の話を真に受けている受験生もいますが，普段から字は丁寧に書き，判読できず採点に反映されないリスクは回避すべきでしょう。

❷　誤字脱字

▼石橋MEMO▼

●平成24年行政法採点実感

　誤字・当て字が多く，中には概念の理解に関わると考えられるものも少なくなかった（例えば，換置処分，土地収容，損失保障など）。このような誤字の多用は，書面作成の基本的能力についても疑問を抱かせることになる。

●令和4年憲法採点実感

　例年指摘しているとおり，「成積」「一還」「関接的」「実行的な保障」「不可決」等，誤字には十分注意すべきである。

普段から
気をつけよう！

●不安にさせる答案

　誤字脱字一つで「書面作成の基本的能力に疑問を抱く」ということはありませんが，**誤字脱字が重なると不安**に思います。

　試験では答案を読むのは採点者（と書いた本人）だけです。しかし，実務では皆に読ませる書面を作成することになります。誤字脱字が多いと，「この人を実務家にしてよいものか」と疑念を抱かせてしまいかねません。

■ 注意したい受験生がやりがちな誤字

誤	弾該証拠	正	弾劾証拠
誤	令状発布	正	令状発付
誤	令状提示	正	令状呈示
誤	特信状況	正	特信情況
誤	必要不可決	正	必要不可欠
誤	幸福追及権	正	幸福追求権
誤	逮捕と拘留	正	逮捕と勾留
誤	占有権限	正	占有権原
誤	人権共有主体性	正	人権享有主体性

❸ 接続詞

●平成22年行政法採点実感

「この点」を濫発する答案が少なからずあったが，「この」が何を指示しているのが不明な場合が多く，日本語の文章としても，極めて不自然なものとなっている。

▼石橋MEMO▼

毎年言われるね，大事！

●平成23年民事訴訟法採点実感

「この点，」という言葉を「この」が何を指すのか不明確なまま接続詞のように多用する答案など，不適切な表現を使用する答案はなお多く見られるので，引き続き改善を求めたい。

もはや「この点」禁止令出てるんじゃないか…

●平成24年民法採点実感

接続表現が，譲歩でなく単に逆接である場面で見られる「そうであっても」，「そうとしても」という言葉や，仮定でなく単に順接である場面で用いられる「とすると」，「そうであれば」という表現の頻用は，不自然である。法律家として将来において作成することになる裁判書や準備書面は，「しかし」，「したがって」，「そこで」などの一般の人々も理解しやすい平易な表現で書かれることが望まれるし，答案も，そうであってほしい。法律家が書く文章ということでは，さらに裁判書や準備書面は，当然と言えば当然のことであるが，他人に読んでもらうものである，

大事！

という前提がある。自分が手控えとして残しておくメモとは異なるものであり，答案も，それらと同じであるべきであるから，その観点からの注意も要る。「債ム」などという略記や略字，時的因子を示す際に「平成」を示す記号であると見られる「H」という略記などは，いずれも自分のみが読むメモであるならばあり得ることであるが，答案などにおいては好ましくない。なお，字が小さ過ぎて，かつ潰れたように記されているため判読が困難であるものも，まれに見られる。

●平成26年民事訴訟法採点実感

また，「けだし」，「思うに」など，一般に使われていない用語を用いる答案も散見されたところであり，改めて改善を求めたい。

「けだし」なんて使う理由がわからない…

●不適切な接続詞

不適切な接続詞は避けてほしいです。平成26年の民事訴訟法の採点実感で言及される「けだし」「思うに」を使うだけなら，文章の流れを阻害するわけではないのでそれほど問題はありません。ただ，採点実感に書かれている以上は避けた方が無難でしょう。

それ以上に，**順接の文脈で逆接を用いるような接続詞の誤用**を避けるべきです。「この受験生は本当にこの理由付けと規範のつながりがわかっているのか」「この受験生は本当にここで指摘している事実と事実の関係性を理解しているのか」と採点官に思わせます。

私も，接続詞の誤用が原因で，答案に△や×をつけたものの，受講生と個別指導で話すと「ちゃんと理解してる」とがわかることがあります。それくらい**接続詞の誤用は採点者を混乱**させます。

●指示語

平成22年の行政法の採点実感や平成23年の民事訴訟法の採点実感で指摘されている**指示語の内容が不明瞭な答案も「一読了解」を妨げます**ので避けましょう。

こういった接続詞の誤用を避けるためには，以下をしておく必要があります。

● 平素から自分が用いている接続詞の意味を再確認する
● 接続詞の用い方をある程度定型化して事前準備しておく

司法試験及び予備試験は厳しい時間制限の中で難しい答案を論理的に書き上

げなければいけません。そのため，その場で毎回接続詞を考えていたのでは時間がなくなり，その焦りから接続詞を誤用しがちです。

　例えば論証を書くときは「そもそも〜である。そこで〜と解する」であったり，当てはめが長くなりそうなときは「まず〜そして〜また〜さらに〜」という流れで書くであったり，文章を締めるときは「したがって〜よって〜以上より〜」の流れで書くであったり，**ある程度汎用性のある構文を自分の中にストックしておく**とよいでしょう。

(!) 試験時間を有効に使うことにもつながります。

❹　法律用語

●平成23年刑事訴訟法採点実感	▼石橋MEMO▼
また，法律用語の使い方の問題として，丙が最終的に不可罰であることについて，「無罪」と表現する答案が少なからず見受けられた。「無罪」は公訴提起された事件について判決で言い渡されるものであり（刑事訴訟法第336条），刑事訴訟法の正確な理解が求められる。	正確に！

法律用語の誤用は，誤字よりも理解を疑います。

(!) 「被告」と「被告人」のような法律用語の誤用には，くれぐれも気を付けましょう。

❺　文章表現

●平成22年行政法採点実感	▼石橋MEMO▼
一文一段落という，実質的に箇条書に等しい書き方をする等，小論文の文章としての体裁をなしていない例が少なくない。	一文一段落…なんでやねん（笑）

●平成24年行政法採点実感
時間不足になったと思われる答案や，論理が何度も逆転した上に，唐突に結論が述べられているような非常に読みにくい答案が散見された。**時間配分や答案構成の在り方に問題があったのではないかと思われる。**

●稚拙に感じる答案

　平成24年と平成25年の行政法の採点実感の指摘は，私も添削でよく見かけるので共感します。

　必要以上にひらがな・カタカナを多用している答案は，確かに子供っぽい稚拙な印象を抱きます。もちろん，減点はしないものの，ひらがなだらけの答案と適切な漢字を用いている答案では同じ内容でも安心感が違います。

●やっかいな答案

　また，採点実感にあるような「論理が何度も逆転した上に，唐突に結論が述べられているような非常に読みにくい答案」「主語と述語が呼応していないもの」「冗長で言いたいことが分かりづらいもの」は本当に困ります。

　採点官は通常答案を頭からお尻に向けて読みます。できれば戻りながら読みたくはありません。それゆえ，「一読了解」の答案はとても印象がよく，文章作成能力が高いという評価につながるのです。

　「確かに～，しかし～，だがしかし～」のように，論理が行ったり来たりしてる答案はわかりづらいです。主語と述語が異常に離れていて何が言いたいの

かが不明瞭な答案も同様です。主語と述語の間に理由を挟むような文の構成は，真ん中の理由部分が短ければよいものの，長いと点数がつかないことさえあるでしょう。

●心掛けるべきこと

「趣旨が判然としない答案はそれを前提とした評価をせざるを得ず，善解することはできない」とあるように，**文章構造が不明瞭でも採点官が察してくれるだろうというのは甘い**です。以下を心掛けましょう。

- 「ワンセンテンスワンテーマ」を守る
- 一文はなるべく短くする
- 一文は最大3行以内にする

限られた時間で焦りながら猛スピードで書くと，文章が長くなればなるほど「主語落とし」や「主語と述語が対応しなくなったりする」ことが生じます。普段からワンセンテンスワンテーマを守り，それを当たり前にすることで本番の切迫した状況下でもわかりやすい文章を作成することが可能になるのです。

(!)　「判決文は一文が長いじゃないか」と反論する受験生もいます。ただ，判決文はプロが時間をかけて丁寧に書き上げるものです。受験生が限られた時間の中で焦りながら猛スピードで書き上げる答案と全く違います。

ＡらＣゼミ生は講演会の開催を計画していたところ，講演会とは，複数の者が同一の場所に集まり共同で意見を表明するものであり，思想の外部的表明の一つとして「表現」にあたり，したがって，講演会を開催する自由は21条1項で保障される。

添削

まず，ＡらＣゼミ生は講演会の開催を計画していた。講演会は，複数の者が同一の場所に集まり共同で意見を表明するものなので，思想の外部的表明といえる。したがって，講演会を開催することは「表現」にあたり，講演会を開催する自由は21条1項で保障される。

※なお，上の添削は受験生答案をワンセンテンスワンテーマという観点から修正したものです。私であれば同じ内容であっても以下の様に記載します。参考にしていただければ幸いです。

「表現」（憲法（以下，略）21条1項）とは，思想の外部的表明を意味する。ＡらＣゼミ生が開催を計画していた講演会は，複数の者が同一の場所に集まり共同で意見を表明するものなので，思想の外部的表明といえる。したがって，ＡらＣゼミ生が講演会を行う自由は「表現」として21条1項で保障される。

② ナンバリング，行頭・行末，トピック立て，附番について

重要度 ★★☆☆☆
攻略難易度 ★☆☆☆☆

「一読了解」型の答案を目指すならぜひマスターしてほしい観点です。点数に直結はしないかもしれません。ただし，採点者の印象を大きく左右します。

❶ ナンバリング

▼石橋MEMO▼

●平成24年憲法採点実感

答案を書く上で，適度に項を分け，それぞれに適切な見出しを付けることは望ましいと言えるが，**内容的に区分する意味がないにもかかわらず，過度に細かく項目を分けている答案**がかなり見られる。…受験者は，答案は読まれるために書くもの，という意識をもってほしい。

塩梅大事！！

●平成27年行政法採点実感

相当程度読み進まないと何をテーマに論じているのか把握できない答案が相当数見られた。答案構成をきちんと行った上，読み手に分かりやすい答案とするためには，例えば，**適度に段落分けを行った上で，段落の行頭は1文字空けるなどの基本的な論文の書き方に従う**ことや，**冒頭部分に見出しを付ける**などの工夫をすることが望まれる。

ポイントは「適度」！

●平成30年憲法採点実感

見出しを細かく立て，改行を繰り返してその度に記号を振るなどして，**論述を極端に細分化している答案**が認められたが，こうした記述は論述というより箇条書きのようなものとなり，かえって論旨が分かりにくくなっており，このような論述の仕方は避けるべきである。

●令和2年憲法採点実感

答案の構成として，第1，第2，・・（1），（2）・・と内容に応じて項目を立てて論じることは内容を正確に伝えることに資すると思われるが，それ以上にわたって，**改行するたびに，ア，イ，ウ・・や，a，b，c・・などと全く必然性がないのに細かく記号を付してブツ切りの論述を行うことは避けるべきである。**求められているのは，内容が論理的に明快な論述であって，表面的に整理された形式ではない。

これは困る…

●ナンバリングはすべき？

平成24年の憲法の採点実感，平成30年の憲法の採点実感，令和2年の憲法の採点実感においては，過度なナンバリングはわかりにくいと評価されています。それに対し，平成27年の行政法の採点実感は見出しを適度に付けるように言っています。受験生は混乱するかもしれませんが，「適度なナンバリングであればやってくれ，そうでないならやらないでくれ」というのが結局のところでしょう。

●ナンバリングは理解度を示す指標

ナンバリングは理解度を示す指標です。自分の書いている答案の構造や文章の位置づけを理解している人は，それが伝わるようにナンバリングをします。例えば，以下のような答案であれば，「この人は理解したうえで読み手に予測可能性を与えることができるようにナンバリングを統一しているんだな」と感じます。

- 問題提起に振られているナンバリングが「1」
- 規範定立に振られているナンバリングが「2」
- 当てはめに振られているナンバリングが「3」
- 結論に振られているナンバリングが「4」

一方，ナンバリングが「8」くらいまでになっている答案を見ると，「何も考えずなんとなくナンバリングしているのではないか」「本当は自分の書いている文章構造をわかっていないんじゃないか」と感じてしまいます。

つまり，ナンバリングは読みやすくするだけでなく，採点官に理解度を示すツールでもあります。

⚠️ 「読み手が読みやすくなるナンバリングは何か」「読み手に理解を伝えるナンバリングとは何か」を考えるようにしましょう。

❷ 行頭・行末

▼石橋MEMO▼

●平成23年憲法採点実感

　常に多くの文字数分も行頭を空けていて（さらには行末も空けている答案もある。），１行すべてを使っていない答案が，多く見受けられた。答案は，レジュメでもレポートでもない。法科大学院の授業で，判決原文を読んでいるはずである。それと同様に，答案も，１行の行頭から行末まできちんと書く。行頭を空けるのは改行した場合だけであり，その場合でも空けるのは１文字分だけである。

●平成26年憲法採点実感

　これも毎年のように指摘しているためか，行頭・行末を不必要に空けて書く答案は，少なくなってきてはいる。しかし，他方で，１行の行頭及び行末の各３分の１には何も書かず，行の真ん中部分の３分の１の部分だけに書いている答案などがなお存在する。

> どういう状態だよ（笑）

●行頭・行末についての注意点

　平成23年の憲法の採点実感はまだしも，平成26年の憲法の採点実感を受験生の頃に読んだときは衝撃でした。添削を多く行っていても，「行の真ん中部分の３分の１の部分だけに書いている答案」にはまだ巡り合ったことがありません（もちろん，極端な例を記載しているのだと思いますが…）。

　ただ，左側が空きすぎている答案はよくあります。また，答案の最初の方は左詰めなのに，答案が進むにつれてだんだん左側が空いてきて答案の左側に縦長の空欄の逆三角形が出来上がっている答案もあります。

　行頭・行末についてはこのような採点実感の指摘もあるわけですから，**行末は最後まで埋めきり，行頭はなるべく左に詰めましょう。**

　⚠ 特に，予備試験の場合は答案用紙が８枚の司法試験と異なり４枚しかありません。あまり左を空けてしまうと物理的に答案用紙が足りなくなります。

●「２分の１字」下げのススメ

　平成23年の憲法の採点実感は左に詰めるように言っているものの，左に詰め過ぎると読みづらくなります。さらに，ナンバリングが文章に埋もれて意味が

なくなります。

　おすすめは1字下げではなく，「2分の1字」下げです。

　文字の半分だけ下げて書き始めると，改行の際に少し空欄ができるので，読みやすさは残しつつ，かつ，あまり左側を空けずに済みます。答案全体が右側に寄ることを防げます。

　(!) あくまでもこれは一つの解決策です。とにもかくにも「読みやすい答案であること」を普段から追求しましょう！

■ 1字下げに忠実な場合

第1　甲の罪責
1　甲がAの頭部を殴打した行為に傷害罪（刑法（以下，略）204条）が成
立しないか。
(1)　「傷害」とは，人の生理的機能を害する行為を意味する。
ア　甲の上記行為により，Aは気絶しているので…

■ 2分の1字下げ

第1　甲の罪責
1　甲がAの頭部を殴打した行為に傷害罪（刑法（以下，略）204条）が成立
しないか。
(1)　「傷害」とは，人の生理的機能を害する行為を意味する。
ア　甲の上記行為により，Aは気絶しているので…

❸　トピック立て

●平成27年行政法採点実感	▼石橋MEMO▼
少数ではあるが，どの設問に対する解答かが明示されていない答案が見られた。冒頭部分に「設問1」等と明示をした上で解答することを徹底されたい。	ダメ，絶対！

●設問とナンバリング

トピック立てはナンバリングと関連する指摘です。確かに答案を添削していると「どこからが『設問2』でどこからが『設問3』なのかがわからない」ものがあります（平成27年の行政法の採点実感は「設問1」がどこからか不明瞭な答案があったかのような書きぶりになってますが，さすがに「設問1」に関して不明瞭な答案を私はまだ見たことがありません。試験本番でよほど焦っていたのかもしれませんね…）。

改善策は，単純に最低限設問ごとにナンバリングを振ることです。

(!) 私が受験生の頃は，設問が複数ある場合は「第1　設問1→第2　設問2→…」のように設問ごとのナンバリングとして「第」を用いていました。

■ 設問が複数ある場合の例

第1　設問1
1　XはYに対して所有権に基づく…
(1)　その要件は…
(2)　当てはめ
(3)　したがって，Xの請求の要件は満たす。
2　これに対して，Yは…
3　以上より，Xの請求は認められる。
第2　設問2
1　Zは…（以下，略）

■ 設問が一つしかない場合の例（第1と第2を除いただけですが。）

1　XはYに対して所有権に基づく…
(1)　その要件は…
(2)　当てはめ
(3)　したがって，Xの請求の要件は満たす。

2	これに対して，Yは…
	(1)　その要件は…
	(2)　当てはめ
	(3)　したがって，Yの主張は認められない。
3	以上より，Xの請求は認められる。

❹　附番

●平成26年民法採点実感

▼石橋MEMO▼

　なお，答案の書き方における注意事項として，附番の用い方の問題がある。設問(3)では①・②・③…という数字を用いているのであるから，これと別に，所有権に基づく返還請求権の行使の要件は「①原告所有，②被告占有である」などという記述をすることは好ましくない。設問の中で用いられている①や②との区別がつかなくなる恐れがあり，論述の内容が不明瞭なものとなりかねないので，この点は特に注意を要する。

意外と多くの人がやりがちだね

●附番についての注意点

　採点実感に記載されているように，自分で要件に使った附番と問題文中の附番が同じになってしまっている答案はよく見かけます。これは，どちらの論述が始まるのかが不明瞭になりがちですので避けましょう。

　問題文中に①②③といった附番が用いられているのであれば，自分の答案中に附番を用いる際は（a）（b）（c）にするといった形で対処すればよいだけです。

　また，附番に関連する事項として要件ではなく要件判断の際の**考慮要素に附番を付す答案**もありますが，避けてほしいです。

　なぜなら，そういう答案に限って，附番を付したものは考慮要素の一つであるにもかかわらず「～（①充足）」のように書いてしまっていたりします。これでは，採点官に「要件と混同しているのではないか」と思わせてしまいます。

　⚠️　このような答案は理解が及んでないものと扱われる恐れがあります。考慮要素に附番を付すのは避けましょう。

3 問題文や設問を精読することについて

重要度 ★★★★★
攻略難易度 ★★★★★

　問題文や設問には「書いて欲しいこと」と「書いてはいけないこと」が明記されています。しかし，毎年多くの受験生が読み飛ばして評価を下げているのが現状です。問題文や設問はさらっと見るものではなく本気で精読するものです。

　採点項目を示してくれている「採点基準の表」のようなものと認識しておきましょう！

▼石橋MEMO▼

●平成20年行政法採点実感

　問題文・設問・資料で明記・誘導されているにもかかわらず，記述の及んでいない事項（仮の救済・強制調査の問題点など）がある答案も少なからず見られた。問題文や設問等を十分に読んでいないと思わざるを得ない。

ダメ，絶対！

■ 実際の問題文（波線は筆者が挿入）

〔設　問〕
1．勧告に従わなかった旨の公表がされることを阻止するために考えられる法的手段（訴訟とそれに伴う仮の救済措置）を検討し，それを用いる場合の行政事件訴訟法上の問題点を中心に論じなさい。解答に当たっては，複数の法的手段を比較検討した上で，最も適切と考える法的手段について自己の見解を明らかにすること。
2．前記1の最も適切と考える法的手段において勧告や調査の適法性を争おうとする場合に，Ａはいかなる主張をすべきかについて，考えられる実体上及び手続上の違法事由を挙げて詳細に論じなさい。

●平成22年行政法採点実感

　問題文をきちんと読まず，設問に答えていない答案が多い。問題文の設定に対応した解答の筋書を立てることが，多くの答案では，なおできていない。

●平成23年憲法採点実感

　まず何よりも，答案作成は，問題文をよく読むことから始まる。問題文を素直に読まない答案，問題文にあるヒントに気付かない答案，問題と関係のないことを長々と論じる答案が多い。

当たり前だけど超大事！！！

●平成23年行政法採点実感

　問題文及び会議録等を分析して，質問のポイントを押さえて素直に答えていく姿勢であれば，自ずから比較的高得点が得られるものであるが，知識の量はうかがわれるのに，会議録等を十分に考慮せずに自分の書きたいことを書いているため，相対的に低い得点にとどまっている答案が少なくなかった。

知識自慢は落ちるで！！

●平成29年行政法採点実感

　問題文では，Ｘらの相談を受けた弁護士の立場に立って論じることが求められているにもかかわらず，各論点の検討において，問題文に記されているＹ側の主張を単に書き写してＸに不利な結論を導いたり，ほとんど説得力がないＹやＡの立場に立つ議論を案出したり，Ｘの側に有利となるべき事情を全く無視して議論したりする答案が相当数見られた。原告代理人としては，もちろん訴訟の客観的な見通しを示すことは重要であるが，まずは依頼人の事情と主張に真摯に耳を傾けることこそが，実務家としての出発点であろう。

意外と多いんだよね…

■ 実際の問題文（波線は筆者が挿入）

〔設　問〕
Ｘらは，現時点において，Ｙ市を被告として，本件フェンスを撤去させるための抗告訴訟を提起したいと考えている。
(1)　抗告訴訟として最も適切と考えられる訴えを具体的に一つ挙げ，その訴えが訴訟要件を満たすか否かについて検討しなさい。なお，仮の救済については検討する必要はない。
(2)　(1)の訴えの本案において，Ｘらはどのような主張をすべきか。解答に当たっては，当該訴えが訴訟要件を満たすことを前提にしなさい。

●平成29年民法採点実感

　また，昨年の採点実感でも指摘したところであるが，問題文をきちんと読んでいないと思われるものが多かった。例えば，設問１では，わざわざ「Ｂが甲１部分を所有することを認めた上でＢの請求の棄却を求める場合」と記載してあるのに，Ｃによる甲１部分の所有権の取得時効を論ずるものはその典型であるが，このほかにも，「必要な要件を説明した上で」と記載してあるのに，取得時効の要件を一部しか挙げていないものも相当数あった。各設問で問われていることに的確に答えていなければ高い評価をすることはできないのであるから，問題文は注意深く読んでもらいたい。

それな

18

■ **実際の問題文**（波線は筆者が挿入）

〔設問1〕【事実】1から11までを前提として，次の問いに答えなさい。
　Cは，Bが甲1部分を所有することを認めた上でBの請求の棄却を求める場合，どのような反論をすることが考えられるか，その根拠及びその反論が認められるために必要な要件を説明した上で，
その反論が認められるかどうかを検討しなさい。なお，丙建物の収去の可否及び要否について考慮する必要はない。

〔設問2〕【事実】1から16までを前提として，次の問いに答えなさい。
　Aは，本件土地賃貸借契約を解除することができるか，【事実】16の下線を付した①及び②の事実がそれぞれ法律上の意義を有するかどうかを検討した上で，理由を付して解答しなさい。

〔設問3〕【事実】1から20までを前提として，次の問いに答えなさい。
　Cは，Eの請求に対しどのような反論をすることが考えられるか，その根拠を説明した上で，その反論が認められるかどうかを検討しなさい。

●平成30年民法採点実感

　一つは，問題文に記載された事実からは引き出すことのできない強引な事実関係の解釈・認定をする答案が散見されたことである。例えば，設問1において，自動車を盗まれて期日中に引き取ることができなくなったAは「同日午後8時頃，今日は引取りには行けないが，具体的なことは翌朝に改めて連絡する旨を電話でBに伝えた」（事実4）が，これに対するBの対応は問題文中に何ら記されていないから，問題文からは履行期の延期がされたとは到底認定することができないのに，その旨の合意があったと認定する答案や，設問3において，Cの遺言には「④Hは，まだ反省が足りないので，廃除の意思を変えるものではない」と明言されているのに廃除の意思を取り消したと認定する答案などである。このような答案を評価することができないのは言うまでもないことであり，問題文に示された事実関係を丹念に拾い上げて論述をするようにしてもらいたい。

●令和1年行政法採点実感

　問題文を精読していれば防ぐことのできるミスを犯す答案が多く見られた。答案を作成するに先立って問題文を精読することは，受験における最も基本的なスキルであり，また，法律実務家としても，事実関係を正確に把握した上でその対応策を検討するというのが適切な職務の遂行の第一歩であることからすると，**問題文を精読することができないのは，法律実務家としての基礎的な素養を欠くと評価されてもやむを得ない**という認識を持つ必要があるように思われた。

それな…

●令和１年刑法採点実感

　さらに，問題文で「Ａに対する罪責」と限定しているにもかかわらず，甲がＡＴＭから現金を引き出そうとした行為を被害者を特定することもないままに検討し，かかる行為が未遂犯か不能犯かについて長々と論証を展開している答案が相当数あった。同様に，問題文で明示的に検討対象から除かれている住居侵入罪を検討している答案も見られた。例年指摘しているところであるが，**問題文をよく読んで，何が問われているかを正確に把握して検討に取り掛かることが求められる。**

■　実際の問題文（波線は筆者が挿入）

〔設問〕
【事例１】における甲の<u>Ａに対する罪責</u>について，論じなさい（<u>住居侵入罪及び特別法違反の点は除く</u>。）。

それ…な…
（何度目…）

●令和２年民法採点実感

　第１に，問題文をよく読まず，その指示や趣旨に従わずに論ずるものが散見されたことである。例えば，設問１において，Ｂが乙建物に住み続けることを前提として，Ｃへの支払額を少なくするためのＢの契約責任に基づく主張について尋ねているにもかかわらず，契約の解除，取消しといった契約関係を解消する主張などを論じる答案が散見されたことや，設問２において，問題文で指示した解答の流れから外れた論じ方をする答案も散見されたことである。**問題文において指示した内容に応じて解答する前提で採点はされるから，限られた時間内に必要十分な答案を作成するためには，問題文をよく読んで理解した上で答案を作成することが肝要である。**

もはや毎年どっかで言われてるね

●令和３年行政法採点実感

　例年のことながら，資料として付された【法律事務所の会議録】（以下「会議録」という。）に記載された指示を無視したもの，あるいは明らかに読んでいない答案が少なからずある。問題においても，「以下に示された【法律事務所の会議録】を踏まえて…設問に答えなさい。」として，これを参照すべきことが明記されているように，**会議録も問題の一部であり，その指示を無視して自説を展開しても論証不足となり，高い評価は望めない。**

読めるだけで差がつくとか…

●令和４年憲法採点実感

　問題文に「司法権の限界については，論じる必要がない」と明記されているにもかかわらず，部分社会論を延々と論じる答案が一定数あった。

日頃からよく読め!!
訓練しよう!

20

●問われていることに答える

　問題文の誤読，読み落とし，歪曲は本当によく見かけます。**得点を失う危険性が非常に高いので，絶対に避けるべき**です。

　平成29年の行政法の採点実感にあるように，原告Xの主張を論じることを求めているのに，結論が「以上より，〜は違法である。」と書いてあるような答案は，「問われていることに答えていない」と評価されます。

　もちろん，これまでの合格者の再現答案を見ていると問いを無視してしまっている答案でも高評価な例もあります。ただ，印象が悪いことは間違いありません。

●党派的な主張を求める設問

　採点実感にあるようないわゆる「党派的な主張」を求める設問の代表例を見てみましょう。

【平成29年の司法試験行政法】
　⑴の訴えの本案において，Xらはどのような主張をすべきか。

【平成29年の予備試験行政法】
　Aは，上記の国家賠償請求訴訟において，本件申請に対する許可の留保の違法性に関し，どのような主張をすべきか。解答に当たっては，上記の許可の留保がいつの時点から違法になるかを示すとともに，想定される甲県の反論を踏まえつつ検討しなさい。

　上の司法試験の問題はシンプルですが，下の予備試験の問題は両方の主張を書かせる複雑な問い方です。

　⚠ このような党派的な主張を求める設問は科目を問わず存在します。

●書かなくていいことが明示されている場合

　冒頭の設問自体に「書かなくていいこと」が明記されることがあります。

　例えば，平成30年予備試験刑法を見てみます。

【平成30年予備試験刑法】
　以下の事例に基づき，甲及び乙の罪責について論じなさい（住居等侵入罪及び特別法違反の点を除く。）。

上記では，住居侵入罪については書かないよう指示がされています。読み落として住居侵入罪に触れてしまうと，その分量がたとえ少なかったとしても悪印象です。

同様の例として以下があります。

【平成25年の予備試験行政法の設問1・設問2】
〔設問1〕
　Cが，本件計画に適合するように本件マンションの設計を変更させるという目的を実現するには，法及び行政事件訴訟法によりどのような法的手段を採ることが必要か。
〔設問2〕
　〔設問1〕の法的手段について，法及び行政事件訴訟法を適用する上で問題となる論点のうち訴訟要件の論点に絞って検討しなさい。

設問1で訴えと申立てを区別することなく採りうる手段が問われました。その上で，設問2で「訴訟要件の論点に絞って」という指示があったため，仮の救済制度の申立要件を記載するのは厳禁だったわけです。

指示を読み落として申立要件まで書いている答案は，「問いを読んでいないな」という悪印象だけでなく，「この受験生は訴えと申立ての違いがわかっていないのではないか」と思われます。

(!)　「書かなくていいこと」には本当に気を付けてください。

●誘導
　司法試験民事訴訟法と行政法，予備試験民事訴訟法と行政法の一部には所謂**「誘導」という解答するうえでのヒント**が記載されていることがあります。裁判官と修習生の会話形式であったり，弁護士事務所の弁護士と依頼人の会話形式の形であったりで「誘導」がなされています。こういった「誘導」の読み落としは非常に多いです。

(!)　誘導の読み落としは致命傷につながります。

そもそも会議録などで「誘導」がわざわざ設けられるのは，答案で絶対に論

じてほしいことを受験生に知らせる意図があるからです。

「誘導」の読み落としは，「**書いてほしいことを答案上に表現できない**」ことを意味しますので，ダイレクトに点数に影響します。

●尚書き

問題文中の尚書きの読み落としも多いです。「尚書き」は，いわば補足説明ですから，当然に問題文の一部を構成しています。敏感になっておいた方がいいでしょう。

●事実の歪曲

読み落としではないのですが，平成30年の民法の採点実感に書かれているような，事実を捻じ曲げてしまう答案もしばしば見られます。

私も，私が受験した平成27年の司法試験会社法の問題文で，「法人S」という株式会社が株主として登場したにもかかわらず，法人Sを取締役と読み間違えてそのまま不要な論点を長々と書いてしまいました。これはいけません。

(!) その年の採点実感には，「法人であるS社が取締役であるとの誤解の下で，S社に対する取締役会の招集通知を欠き，取締役会決議に瑕疵があるとするなど，基本的な理解を欠く答案もあった。」とあり，「私のことだ…」と震えました。

このように，**問題文の事実の歪曲は大ダメージをもたらしますので，十分注意**しましょう。

●マーキング

問題文の読み落とし等を防ぐのに**一番シンプルで即実践できる方法は****マーキング**です。問いに対してマーカーを引き目立たせておけば，意識がそちらに向くので何もしない状態よりはリスクを下げられます。

(!) ぜひ，実践してみてください。

4 文章の挿入・訂正について

重要度
★★☆☆☆
攻略難易度
★☆☆☆☆

　過度な挿入・訂正は文章を読みにくくします。どうしてもするのであれば，「読み手への思いやり」を持った挿入・訂正を心掛けましょう！

▼石橋MEMO▼

●**令和1年行政法採点実感**

　文字の線が細いもの，微小な文字の挿入を多用するもの等については改善の余地があるように思われ，現に，相当程度読みやすい文字で，充実した分量の記載がある答案も多数見られたところである。適切な筆記具を用意する，大きめの文字を書くようにする等の工夫をすることにより，少なくとも多くの者が判読可能なレベルの文字を書くことをできる限り心掛けることが必要と思われた。

> 本当にやめてほしい…

●**令和2年行政法採点実感**

　挿入の多用，大幅な順序の入替えなど，非常に読みにくい答案がいくつかあった。答案の方針が定まらないまま書き始めている可能性があり，問題文等を丁寧に読みしっかりとした答案構成を検討することが重要である。

> やめて!!

●**令和3年刑法採点実感**

　また，文章の補足・訂正に当たって，極めて細かい文字で挿入がなされる答案も相当数あった。時間的に余裕がないことは承知しているところであるが，採点者において解読が不能な記載箇所は採点対象にできない可能性がある点に十分に留意して，大きめで読みやすい丁寧な文字で書くことが望まれる。

> 要チェックや！

●場当たり的に答案を書いていないか？

　文章の挿入は部分的なら読みやすさに影響はありません。ただし，令和2年の行政法の採点実感にある通り，**挿入の多用や大幅な順序の入れ替えがなされている答案は，読みにくいだけではなく，論旨が不明瞭で書き手の論述の意図が汲み取りづらくなります。**

　挿入を多用する人や論述順序を大きく入れ替える人は考えながら場当たり的に書いている人がほとんどです。**書く内容や順序をある程度固めてから書き始めるべきでしょう。**論述順序まで視野に入れて答案構成をします。

他方，令和3年の刑法の採点実感にあるような小さな字の挿入についてです。私が受験生の頃から，「採点は2in1のように1頁を縮小したものを採点する」という噂がありました。本当だとすると，通常時でさえ小さい字がさらに読めなくなってしまい，採点対象にならない可能性があります。**読みやすさという観点からなるべく挿入しないような文章作成**を心掛けましょう。

訂正については，本試験の答案用紙1枚目の注意書きには以下のような記載がなされていますので，従いましょう（波線は筆者）。

3　答案作成上の注意

(1)　答案は横書きとし，解答欄の枠内に頁数に従って書き進めてください。なお，解答欄の枠外（着色部分及びその外側の余白部分）に記載した場合には，当該部分は採点されません。

(2)　答案は，黒インクのボールペン又は万年筆（ただし，インクがプラスチック製消しゴム等で消せないものに限る。）で記載することとし，これ以外で記載した場合には，機械で正確に読み取れないおそれがあり，零点となる場合があります。

(3)　答案を訂正するときは，訂正部分が数行にわたる場合は斜線で，1行の場合には横線で消して，その次に書き直してください。

(4)　答案用紙の裏面には何も記載しないでください。

(5)　答案は，1枚目から連続して記載し，途中で空白の頁を生じさせないでください。誤って頁を飛ばした場合は，解答が連続していることを明らかにしてください（例えば，2頁目を飛ばした場合は，2頁の最初の行の冒頭に「（次頁へ続く）」又は1頁の最終行の最後に「（3頁へ続く）」と記載し，3頁の最初の行の冒頭に「（1頁から）」と記載してください。なお，必ず，解答欄の枠内に記載してください。）。また，飛ばした頁に戻って，解答を記載することもできます（例えば，最後の4頁から，飛ばした2頁に戻って記載する場合には，4頁の最終行の最後に「（2頁へ続く）」と記載した上，2頁の最初の行の冒頭に「（4頁から）」と記載してください。なお，この場合には，1頁の最終行の最後に「（3頁へ続く）」及び3頁の最初の行の冒頭に「（1頁から）」と記載してください。この場合も，必ず，解答欄の枠内に記載してください。）。

---

5 時間や分量の配分について

司法試験・予備試験は「点取りゲーム」。どれだけ出題趣旨に沿うような答案構成が出来たとしても，それを答案上に文字で置いてこなければその部分は「0点」です。試験ですから，マネジメントの観点は重視して対策を練りましょう。

▼石橋MEMO▼

●平成23年行政法採点実感

特定の設問に力を入れすぎて，時間不足になったと思われる答案や，各設問の分量バランス悪い答案が見受けられた。設問1，同2（1）はよく書けている が，設問2（2），同3の順に記述の分量及び質が落ちていく傾向が見られた。

> 尻つぼみNG！

●平成23年民法採点実感

本年の民事系科目〔第1問〕のように，複数の設問によって構成されていて，各設問の配点の割合が示されている場合（本年は，〔設問1〕から〔設問3〕までの配点の割合は，4：3：3であった。），受験者は，各設問に対応する解答の分量を考えるとき，この配点の割合を参考にするとよい。

> 大事！

●令和2年行政法採点実感

設問1(1)は相当の分量をもって解答している一方で，設問2の解答が数行にとどまる答案があった。設問2について十分な解答を書くだけの時間がなかったのだろうが，試験時間が限られている以上，時間配分にも注意すべきである。特に，本問の事案の検討から離れて一般論を長々と書いていることが，時間が足りなくなる一つの要因になっているのではないかと感じた。

> 司法試験は知識自慢の場では断じてない！！！

●メインとサブの使い分け

本試験には時間制限があるので**時間と分量の配分**はとても重要です。

予備試験や司法試験は点取りゲームですから，点数の集中している部分を厚く書き，点数が少ないところはあっさり書き，点数がないところは書かないのがベストです。

タイムマネジメントを失敗して途中答案になってしまうと書けなかった部分の点数をごっそり落としますし，令和2年の行政法の採点実感にあるように点数のない部分やサブの部分を長々と論述しても点が来ないわけですから時間と分量の無駄遣いとなります。以下のトレーニングをしておくことが重要です。

- 自分が1枚あたりを書ききるのに何分かかるか事前に把握しておく
- メインとサブの問題を峻別する目を養っておく
- 普段から手を動かして起案する，問われていることだけを書く
- 書けることと書くべきことを峻別するといった観点を強く意識する

⑥ 三段論法について

重要度
★★★★★
攻略難易度
★★★★☆

　三段論法は法的思考においても答案においても最も重要です。予備試験や司法試験を突破するために必ず習得しなければなりません。

　三段論法とは，大前提（主に普遍的な法則）と小前提（個別の単なる事実）から結論を導き出す推論方法です。ザックリ言うと「①法律」「②事実」「③結論の順番」で思考・起案します。

　三段論法は法律家の命です。

▼石橋MEMO▼

●平成21年行政法採点実感

　接道義務違反，距離制限違反について多くの答案は言及していたが，**法律条文の趣旨を踏まえて，その解釈を示し，具体的な事実関係を当てはめて結論を出すという，法的三段論法に沿った論述は少なかった**。答案の中には，**法律の条文のみを引用して，直ちに結論を示すものが見ら**れ，法律解釈の基本が理解できていない。例えば，児童室が「児童公園，…これらに類するもの」（Ｂ県建築安全条例第27条第4号）に該当するかについて，条文の趣旨解釈から説明しているものは少なく，条文を解釈するという姿勢に欠けている。本件児童室は児童が利用しやすい施設だから児童公園に類するなど，法文に続けて，単純に事実関係を論じるだけで，法令への当てはめの議論になっていない答案，当てはめが見られない答案が少なくない。

← どういうこと ?!

●平成26年民事訴訟法採点実感

　また，反省して謝罪することは，Ａにとって負担にならず，経済的な不利益もないとして，当該権限の範囲内にあると結論付ける答案も相当数あった。これらの答案は，**特段の規範を定立しないまま事実関係を評価して結論を述べているだけで，法律論の体をなしておらず，法曹を目指す者の答案としては十分な評価を与えることはできない。**

← 大事 !!

●平成26年民法採点実感

　法的思考の枠組みの要となるのは，法規範とはどのようなものであり，法的判断とはどのような仕組みで行われるものかという理解である。例えば，**法規範には，要件・効果が特定されたルールのほかに，必ずしも要件・効果の形をとらない原理や原則と呼ばれるものがある。法規範となるルールが立法や判例等によって明確に形成されており，その内容に争いがなければ，それをそのまま適用すればよいけれども，ルールの内容が明確でない場合には，解釈によってその内容を確定する必要がある。**

← とにかく三段論法をマスターしないと !!

そこでは，それぞれの規定や制度の基礎にある原理や原則に遡った考察が必要となる。また，法規範となるルールが形成されておらず，欠缺がある場合には，同じような規定や制度の基礎にある原理や原則，さらには民法，ひいては法一般の基礎にある原理や原則にまで遡り，これを援用することによって，不文のルールを基礎付けなければならない。そのような法規範の確定を前提として，その要件に事実を当てはめることによって，実際の法的判断を行う。そうした基本的な法的思考の枠組みが理解され，身に付いていなければ，幾ら教科書的な知識を暗記しても，また，幾ら問題演習を繰り返し，答案の書き方と称するものを訓練しても，法律家のように考えることはできない。**司法試験において試されているのも，究極的には，このような法的思考を行う能力が十分に備わっているかどうかである。**もちろん，その前提として，それぞれの法制度に関する知識は正確に理解されていなければならず，それらの知識の相互関係も適切に整理されていなければならない。しかし，そのような知識や理解を実際に生かすためには，法的思考を行う能力を備えることが不可欠である。

●令和1年行政法採点実感

いわゆる「法的三段論法」や，問題提起部分と検討部分との対応関係への留意が甘い答案が相当数見られた。規範を提示することなくいきなり事案の分析を始めたり，結論を曖昧なままに放置したり，問題提起部分で検討を要する事項として指摘しておきながら検討部分においては当該事項が何も検討されないままとなっていたりしているのは，法律的な論証の手法という法律実務家として必須の基礎的な素養にも疑問を生じさせるものであった。

それな！

●令和2年民事訴訟法採点実感

このほか，何らの基準も示すことなく，漫然と問題文中の事実を摘示しただけで結論を導く答案も少数ながらあった。このような答案は，論理を示したものとはいえず，評価されない。

やれやれだぜ…

●令和3年民事訴訟法採点実感

多くの答案においては，上記の三つの要件の具体的意味内容の全部又は一部を示すことなく，又は不正確なものを示した上で，当てはめを行っていた。また，当てはめを行うに当たって，大雑把なものや適切ではない事実を指摘するものも少なくなく，事実を羅列した上で，それぞれの要件との対応関係を明らかにしないままに同項の要件が充足されるとするだけの答案も見られた。このような答案の評価は，低いものとなる。

これもよく見るね…対応大事！！

●三段論法の重要性

　三段論法の重要性は言うまでもありません。

　ただ，初学の段階では「三段論法で答案を書く」のに慣れない受験生も多いです。それは，三段論法で論じるということがある意味「非日常的」だからです。どういうことかというと，例えば，「寿命が延びる水」といううたい文句に騙されて購入してしまった方は以下のように言うでしょう。

　「寿命が延びる水って言ったから買ったのに！　これじゃあ詐欺だわ！」

　これを三段論法の形に直すと以下のようになります。

　「詐欺とは～である（法規範）。あなたはこの水を寿命が延びる水って言ったけど，真実は～だった（当てはめ）。したがって，あなたがしたことは詐欺である（結論）。」

　つまり，法規範が先行することになります。このような論じ方を法律家以外はしません。**法律→事実→結論という順番をたどって進んでいく法律家特有のもの**です。これこそが，司法試験や予備試験の採点において重視されます。

　⚠ 答案作成の基本は三段論法なので，自分の論述が三段論法の形になっているかを必ず確認しましょう。

●三段論法を崩す場面

　もちろん，すべての要件について三段論法の形で論述することは分量やタイムマネジメントの観点から不可能です。加えて，試験ではメインとサブの峻別

（＝メリハリ）も採点項目として求めているので，三段論法を崩した方がよい場面も存在します。

　最終的には三段論法で論じる場面と崩して論じる場面が混在することになりますが，**あくまで三段論法が基礎，三段論法を崩すことが応用**です。

　私は個別指導において，論文を書き始めた方には以下のようにアドバイスします。

> 　まず，三段論法の形で起案することが原則，三段論法を崩すのは例外，今の段階では基礎を固めることが最も大事なので，まずは全部の要件について三段論法の形で論じてみる

↓

> 　その上で，タイムマネジメントや分量の観点が身に付いてきたら今度は「どこの三段論法を崩そうかなあ」という応用的思考にもチャレンジしてみる

　この原則と例外の構図を頭の中に入れておかないといけません。

■ 三段論法に従った文章例

> １　「侵入」とは，住居権者の意思に反する立ち入りを意味する。
> ２　甲は強盗目的でA宅に立ち入っている。まず，A宅の住居権者はAである。また，Aが甲の目的を知っていたならば甲の立ち入りを拒んだと言えるので，甲の立ち入りは住居権者Aの意思に反する立ち入りと言える。
> ３　したがって，甲の立ち入りは「侵入」にあたる。

■ 三段論法を崩した文章例

> 　甲が強盗目的でA宅に立ち入った行為は，Aという住居権者の意思に反する立ち入りなので「侵入」にあたる。

第 2 章

試験委員が求める論述内容
について

試験委員が　求める　論述内容が　知りたい。
▷基礎事項　を　押さえる。
　論点に　始まり　論点に　終わる。
　接続詞を　テキトーに　使う。
　楽天　論パマン　に　なる。

1 求められている基礎と応用について

重要度
★★★★★
攻略難易度
★★★★★

　「基礎」はとても広い概念です。ただ，皆さんが事例問題を解く際は必ず条文を用いて事案を解決するわけですから，条文文言の意義は少なくとも基礎ということができます。また，過去問に既出の論点や判例も基礎と言うべきでしょう。

　他方，応用問題を解けるか否かは，基礎がいかに盤石なものとなっているかに依拠します。すなわち，基礎がしっかりしているからこそ応用問題に気付けるのであり，かつ，応用問題も結局は基礎的な考え方から考えていけばある程度解くことができます。

　口を酸っぱくして言いますが，基礎の習得が大事です。採点実感を見つつ，講師等に「基礎・基本」と言われた内容は正確に押さえていくようにしましょう。

●平成28年会社法採点実感

　「当該役員を解任する旨の議案が株主総会において否決されたとき」の意義を役員の解任の訴えの制度の趣旨等に照らして解釈しようとしていた答案には，当該趣旨の理解等にやや不十分なところがあったとしても，一定の高い評価を与えた。また，定時株主総会の招集通知の発送後に発覚した事実を解任事由としてよいかを論ずる答案にも，一定の高い評価を与えた。他方で，株主総会が流会となった場合においても，役員の解任の訴えを提起することができると解すべきであるといった価値判断や，当該訴えを提起することができるといった結論を述べるにとどまり，その理由付けが不十分である答案には，高い評価は与えなかった。

▼石橋MEMO▼

法解釈は
文言×趣旨!!!

●平成30年刑事訴訟法採点実感

　他方，法原則・法概念の定義や関連する判例の表現を機械的に暗記して記述するのみで，なぜそのような定義や表現を用いるのかを当該法原則・法概念の趣旨に遡って論述することができていない答案，具体的事実に対してそれらの定義等を的確に適用することができていない答案，そもそも具体的事実の抽出が不十分であったり，その意味の分析が不十分・不適切であったりする答案が見受けられた。

そうや…
趣旨なんや…

●平成30年会社法採点実感

　本設問は会社法上の典型的な論点とまではいうことができないため，問題文中で，適用条文が同条であることを明示した上，その趣旨を踏まえて設問に答えることを求めている。同条の趣旨を考えた上で，その文

とにかく
趣旨なんや…

言及び事案を踏まえて，適切な法令の解釈及び適用がされることが期待されている。…**法令及び定款の文言上，認められていないわけではない請求を否定するためには，条文の形式的な適用結果が不相当なものであることや条文の文言の実質的な解釈等を説得的に論ずることが望ましい。**

●令和2年行政法採点実感

当然のことながら，法律論の基礎は，条文の解釈とそれへの当てはめである。**適用されるべき具体の条文に即することなく，専ら抽象あるいは一般的な「定式」のごときものに基づいて議論を展開するのは，適切な議論とはいえない。**

法曹実務家は現実の紛争解決に有効な法理論を身に付けることが求められる。そして現実に生起する紛争事案は，二当事者間の対立紛争という比較的単純な事案ばかりではなく，紛争当事者が三者以上存在したり利害関係人が多数存在するような事案も少なくなく，そうした複雑な紛争につき適切な法理論を用いて的確に解決に導くことが求められる。そのためには**基本的な法理論を土台ないし根本から深く理解することが重要であり，「応用力」というのはその発現形態にすぎない。**すなわち法理の基本に立ち返って深く掘り下げることができるような思考力を涵養することが，真の応用力を身に付ける早道と思うので，そのような観点からの教育を期待したい。

今回の答案の全体的な傾向は，法律家としての思考が表現されている答案が少なかったことにあるように思う。**生の事実をただ拾うのではなく，それが法的にどのような意味を持つのか，どの法令のどの文言との関係で問題となるのかなどについて，考え，表現する癖を付ける教育が望まれる。**

> 条文中心主義こそが合格への王道‼

> それな

●基礎・基本

「基礎・基本」という言葉は，「何も述べていないに等しい」とよく言われます。ただ，採点実感に書かれているような基礎・基本は必ず習得しなければなりません。

採点実感からわかる基礎・基本とは，以下の意義を正確に示すことです。

- ●条文の要件
- ●原則や原理

特に予備試験においては，**条文の要件に淡々と当てはめるだけで答案の7～8割が完成してしまうような問題**も出題されます。その中において，要件や原理・原則の意義を正確に示せるかどうかは得点に大きく影響します。

しかし，指導をしているとおろそかにしている受験生が非常に多いです。どうしても論点や判例の解釈論が目に行きがちです。予備校の教材が論点中心に記載しているので，致し方ないことかもしれません。

　例えば，憲法で泉佐野市民会館事件判決について受験生に質問したとします。あの判例は権利の制約については「不当な制限につながるおそれ」があると言っています。

受験生：それはパブリックフォーラムという考え方がありまして…。

私　　：なるほどですね。ところで，この判例で問題となっている憲法21条1項ですが，そこでいう「集会」の意義を答えてみてください。

　すると，結構な割合で答えられません。これが現実です。自分自身の基礎・基本について顧みてください。

> ⚠ 読者の方は，泉佐野市民会館事件判決が憲法21条1項の「集会」の自由の解釈問題であるにもかかわらず「集会」の意義が答えられないはずがないと思うかもしれません。しかし，これが受験生の典型です。

※条文文言に絞りました。

※すべてを網羅しているわけではありませんのでご注意ください。各自でそれぞれの意義等を把握しているかを確認し，意義を思い出せないのであれば各自が持っているテキストや基本書で確認しておきましょう。ここに挙げているものはほんの一例ですが，必ず押さえておいていただきたい事項になります。

1 　民法

「詐術」（21条）の意義，「第三者」（94条2項）の意義，「表示」（95条2項）の意義，「第三者」（96条3項）の意義，「正当な理由」（110条）の意義，「所有の意思」（162条）の意義，「第三者」（177条）の意義，「善意」（192条）の意義，「付合」（242条）の意義，「その物に関して生じた債権」（295条1項）の意義，「付加して一体となっている物」（370条）の意義，「物の給付をするのに必要な行為を完了」（401条2項）の意義，「債務者が債権者を害することを知ってした行為」（424条1項）の意義，「事由」（468条1項）の意義，「第三者」（民法545条1項但書）の意義，「履行に着手」（557条1項但書）の意義，「必要費」（608条1項）の意義，「事業の執行について」（715条1項本文）の意義，「瑕疵」（717条1項本文）の意義，「共同の」（719条1項前段）の意義，「被害者」（722条2項）の意義，「日常の家事」（761条本文）の意義

2 　会社法

「事業を譲渡」（21条1項，467条1項）の意義，「特に有利な金額」（199条3項）の意義，「著しく不公正」（210条2号）の意義，「必要な説明」（314条本文）の意義，「ために」（356条1項1号）の意義，「会社の事業の部類に属する取引」（356条1項1号）の意義，「ために」（356条1項2号）の意義，「報酬」（361条1項）の意義，「特別の利害関係を有する取締役」（369条2項）の意義，「実質的に競争関係にある事業を営む者」（433条2項3号）の意義，「重要な」（467条1項2号）の意義，「無効」（828条1項柱書）の意義，「不存在」（829条）の意義，「特別の利害関係を有する者」（831条1項3号）の意義

3 　民事訴訟法

「当事者能力」（28条）の意義，「共同の利益を有する者」（30条1項）の意義，「訴訟の結果」（42条）の意義，「利害関係」（42条）の意義，「効力」（46条柱書）

の意義，「訴訟の目的の全部若しくは一部が自己の権利であると主張する第三者」（47条1項後段）の意義，「承継人」（49条，50条，51条，115条1項3号）の意義，「書類の受領について相当のわきまえのあるもの」（106条1項前段）の意義，「主文に包含するもの」（114条1項）の意義，「既判力」（114条1項）の意義，「あらかじめその請求をする必要がある場合」（135条）の意義，「請求の基礎」（143条1項本文）の意義，「本訴の目的である請求又は防御の方法と関連する請求」（146条1項本文）の意義，「自白」（179条）の意義，「専ら文書の所持者の利用に供するための文書」（220条4号ニ）の意義，「確定判決と同一の効力」（267条）の意義，「知りながら主張しなかったとき」（338条1項柱書）の意義

4　刑法

　「急迫不正の侵害」（36条1項）の意義，「防衛するため」（36条1項）の意義，「やむを得ずにした」（36条1項）の意義，「実行に着手」（43条本文）の意義，「自己の意思により」（43条但書）の意義，「犯罪を中止した」（43条但書）の意義，「一個の行為」（54条1項前段）の意義，「教唆」（61条2項）の意義，「幇助」（62条1項）の意義，「職務を執行するに当たり」（95条1項）の意義，「暴行」（95条1項）の意義，「蔵匿」（103条）の意義，「隠避」（103条）の意義，「放火」（108条）の意義，「現に人が住居に使用し又は現に人がいる建造物」（108条）の意義，「焼損」（108条）の意義，「公共の危険」（109条2項，110条1項）の意義，「住居」（130条前段）の意義，「侵入」（130条前段）の意義，「行使の目的」（155条1項，159条1項）の意義，「偽造」（155条1項，159条1項）の意義，「行使」（155条1項，159条1項）の意義，「事実証明に関する文書」（159条1項）の意義，「暴行又は脅迫」（177条）の意義，「職務に関し」（197条1項）の意義，「賄賂」（197条1項）の意義，「請託」（197条2項）の意義，「人」（204条）の意義，「傷害」（204条）の意義，「二人以上で暴行を加え」（207条）の意義，「暴行」（208条）の意義，「業務」（211条前段）の意義，「遺棄」（217条）の意義，「遺棄」（218条）の意義，「逮捕」（220条前段）の意義，「監禁」（220条後段）の意義，「略取」（224条前段）の意義，「誘拐」（224条後段）の意義，「安否を憂慮する者」（225条の2第1項）の意義，「安全な場所」（228条の2）の意義，「公然と」（230条1項）の意義，「事実」（230条1項）の意義，「偽計」（233条）の意義，「業務」（233条）の意義，「威力」（234条）の意義，「他人の財物」（235条）の意義，「窃取」（235条）の意義，「暴行又は脅迫」（236条1項）の意義，「財産上不法の利益」（236条2項）の意義，「得」（236条2項）の意義，「欺いて」（246条1項）の意義，「虚偽の情報」（246条の2）の意義，「自己の占有」（252条1項）の意義，「横領」（252条1

項）の意義，「業務」（253条）の意義，「損壊」（260条，261条）の意義

5 刑事訴訟法

「捜査のため必要があるとき」（39条3項本文）の意義，「不当に制限」（39条3項但書）の意義，「強制の処分」（197条1項但書）の意義，「現に罪を行い終わった」（212条1項）の意義，「罪を行い終わってから間がないと明らかに認められる」（212条2項）の意義，「逮捕する場合」（220条1項柱書）の意義，「逮捕の現場」（220条1項2号）の意義，「遺留した物」（221条）の意義，「特に信用すべき情況」（321条1項3号）の意義，「罪となるべき事実」（335条1項）の意義

6 憲法

「幸福追求に対する国民の権利」（13条後段）の意義，「法の下」（14条1項前段）の意義，「平等」（14条1項前段）の意義，「社会的身分」（14条1項後段）の意義，「思想及び良心」（19条）の意義，「信教の自由」（20条1項前段）の意義，「宗教的活動」（20条3項）の意義，「集会」（21条1項）の意義，「表現」（21条1項）の意義，「検閲」（21条2項前段）の意義，「財産権」（29条1項）の意義，「立法」（41条1項）の意義，「司法権」（76条1項）の意義，「宗教上の組織若しくは団体」（89条前段）の意義，「公の支配」（89条後段）の意義

7 行政法

「処分」（行訴法3条2項）の意義，「無効」（行訴法3条4項）の意義，「一定の」（行訴法3条6項1号）の意義，「されようとしている」（行訴法3条7項）の意義，「法律上の利益を有する者」（行訴法9条1項）の意義，「現在の法律関係に関する訴えによって目的を達成することができない」（行訴法36条）の意義，「損害を避けるため他に適当な方法がないとき」（行訴法37条の2第1項）の意義，「重大な損害」（行訴法37条の4第1項）の意義，「公権力の行使」（国賠法1条1項）の意義，「職務を行うについて」（国賠法1条1項）の意義，「違法」（国賠法1条1項）の意義，「公の営造物」（国賠法2条1項）の意義，「瑕疵」（国賠法2条1項）の意義

② 条文の重要性について

重要度
★★★★★
攻略難易度
★★★★★

　条文で始まり，条文で終わる。この説明にもはや言葉はいらないでしょう。この意味がわからない受験生は甘いです。
　平成28年予備試験民法を解いてみましょう。当たり前なですが，条文こそがすべての始まりであり，受験生にとっての心強い仲間なのです。条文を極めることこそが合格の秘訣です。

●平成22年行政法採点実感

　関係法令の趣旨を記述したものが余り多くなかった。また，記述されている場合でも，記述量が乏しく，さらに，**趣旨の記述を条文解釈に関連付けた答案はごく少数であった**。問題文で示されている諸事実が，**条文解釈を通じた主張として用いられていない答案**も目立った。

▼石橋MEMO▼

条文を毎日開こう！

●平成24年憲法採点実感

　地方自治法第242条の2第1項第4号の「第1項」が記載されていないものや，憲法第20条と記載して，同条第1項なのか第3項なのか不明なものなど，条文操作ができていない答案も散見された。

条文は正確に示そう！

●平成24年刑事訴訟法採点実感

　関係条文からの解釈論を論述・展開することなく，事例中の事実をただ書き写しているかのような解答もあり，法律試験答案の体をなしていないものも見受けられた。

とにかく条文！！

●平成28年刑事訴訟法採点実感

　なお，**全体を通じ，条文・判例の引用に際し**，例えば「捜査のため必要が…」など，**中点を複数記載して省略する答案**が少なからず見受けられたが，条文等のどの部分までを引用しているのかが不明確であったり，どの文言の解釈をしているのか適切に示されない結果となっている例もあり，労を惜しまず，必要部分は正確に引用すべきであるとの指摘があった。

条文文言は命！！

●平成30年行政法採点実感

　条文の引用が不正確であるものも目についた。また，条例の引用が概括的なものも目立った。すなわち，**本件条例第13条と引用するのみでは，第何項を指しているのか不明であるし，同条第1項と引用するのみであれば，第何号を指しているのか不明であって，第何項第何号まで引用すべきである。**

条文なんだよ！！

　条文の重要性は言うまでもありません。それでも「条文や条文文言の正確な引用ができていない」，「論点が条文と紐付いていない」という指摘が毎年なされます。

●条文や条文文言の正確な引用

　例えば刑法の住居侵入罪を刑法130条と書いている方はいませんか。刑法130条の中には侵入罪と不退去罪という2つの犯罪が含まれていますから，住居侵入罪を示すためには刑法130条前段と示さなければなりません。

　他にも，民法で動機の錯誤を示すときに95条とだけ示していたり，95条1項と示していたりするものもあります。正確には95条1項2号です。

　「え，そんなに細かいところまで示さないといけないの？」と思うかもしれません。しかし，採点実感で指摘されていますから，示さなければなりません。

　私の個別指導でも，条文の指摘が不正確な答案だと，「この人は条文を見ないで普段勉強しているのではないか。もしもそれが本当なのであれば，法律家を目指す者の勉強の姿勢としていかがなものか…」と感じてしまいます。

　要は，**条文の指摘が不正確だと，その部分だけでなくその人の答案全体が条文に対する真摯さを欠くように見えてしまいかねない**のです。

　司法試験や予備試験の採点には裁量点があるという話もあるので，採点官に対する印象はよいに越したことはありません。正確な条文引用を心掛けましょう。

　また，解釈対象となる条文の文言ですが，条文文言が長くても「…」で省略することはおすすめしません。

　解釈対象を的確に抽出してそれ以外の部分を「…」で省略する自信がある方は大丈夫なのですが，自信がないのに適当に「…」で省略されると，本来は記載すべき文言が抜け落ちたりすることがあります。それで

は本末転倒ですから，特に慣れないうちは省略をやめてコピペを心掛けましょう。

●論文が条文と紐付いていない

普段の正しい学習をしているか否かがわかります。**条文中心の学習をしていれば，条文を読み，条文の要件を一つ一つ検討し，その中で解釈が必要な要件に出合ったら論点の知識を借りて解釈を始めるというプロセスを経ます。それゆえ論点と条文文言（要件）が紐付かないという事態はあり得ません。**

それに対し，論点中心の勉強をしている人は論証集に書いてあることをそのまま条文を開かずに覚えていたりします。そのため，論点と条文文言（要件）が紐付かなくなりがちです。

(!) 僕はこのような論点中心の学習をしている方々をyoutubeでとある動画を出したことを契機（https://youtu.be/YGm 5 v-lBuT 0 ，QRコード参照）に「楽天論パマン」と呼んでいます。楽天論パマンは「ダメ，絶対」ですからね！

例えば，刑事訴訟法で初回接見の問題が出てくるといきなり39条 3 項但書を検討してしまう答案などがその典型例です。

論点というのはそれ自体で独立して存在するのではなく，条文の要件をすべて検討する中で出合うものです。

条文中心の学習を求めている司法試験予備試験に合格したいのであれば条文中心主義を貫き通しましょう。

③ 論証について

司法試験予備試験の学習との関係で切っても切り離せないのが論証です。論証や論点中心の学習はNGともいわれます。

では、どのように論証と向き合えばいいのでしょうか。ここでは採点実感を基に論証との向き合い方を学びましょう！

●平成23年民事訴訟法採点実感

▼石橋MEMO▼

問われていることに正面から答えていなければ、たとえ設問に関連する論点を縷々記載していても、点数は付与していない。**自分の知っている論点がそのまま問われているものと思い込み、題意から離れてその論点について長々と記述する答案**や、結論に関係しないにもかかわらず自分の知っている諸論点を広く浅く書き連ねる答案に対しては、問われていることに何ら答えていないと評価するなど、厳しい姿勢で採点に臨んでいる。問われていることに正面から答えるためには、論点ごとにあらかじめ丸暗記した画一的な表現（予備校の模範解答の類）をそのまま答案用紙に書き出すのではなく、**設問の検討の結果をきちんと順序立てて自分の言葉で表現する姿勢**が極めて大切である。採点に当たっては、そのような意識を持っているかどうかにも留意している。

> 知識をひけらかすな!!

●平成28年刑法採点実感

次に②の点については、承継的共犯についての**問題の所在を意識しつつ、的確な規範定立を行うこと**が求められていたところ、大多数の答案は相応に論述されていたが、いわゆる論証パターンに沿った論述に終始していると思われるものがほとんどであり、共犯の処罰根拠を含め、承継的共犯の問題の所在について意識した上で的確に論述されていると認められた答案は少数であった。

> 理解するってそういうこと

●平成29年行政法採点実感

法科大学院教育において、一般的な判断基準や主要な最高裁の判例を学習し覚えることが重要であることはいうまでもないが、更に進んで、**これらの基準を具体的な事案に当てはめるとどのようになるかを学ぶ機会をより一層増やすこと**が求められているのではないか。

●平成30年民事訴訟法採点実感

　また「訴訟の結果」について，主文中の判断に限定されるとの考え方を採りつつ，ＢＣ間の過失の割合に影響を及ぼすとするものなど，**自身の述べる考え方と整合しない論述を展開するもの**もあった。主張（イ）については，正確な理解と正確にそれを論述する能力が試されていたが，定型的な論証パターンや漠然とした理解をそのまま書き出したと思われる答案が多かった。

これ，けっこうよく見ますね…

●令和２年刑法採点実感

　本問は，前述２のとおり，論じるべき点が多岐にわたるため，**厚く論じるべきものと簡潔に論じるべきものとを選別し，手際よく論じる必要**があったが，論じる必要のない論点を論じる答案や必ずしも重要とは思われない論点を長々と論じる答案が相当数見られた。規範定立部分については，論証パターンの書き写しに終始しているのではないかと思われるものが多く，中には，**本問を論じる上で必要のない点についてまで論証パターンの一環として記述を行う**ものもあったほか，論述として，表面的にはそれらしい言葉を用いているものの，論点の正確な理解ができていないのではないかと不安を覚える答案が目に付いた。また，規範定立と当てはめを明確に区別することなく，問題文に現れた事実を抜き出しただけで，その事実が持つ法的意味を特段論じずに結論を記載する答案も少なからず見られた。

メリハリ大事!!

楽天論パマンて!!

●令和２年刑法採点実感

　一般的に重要と考えられる論点を学習するに当たっては，一つの見解のみならず，他の主要な見解についても，その根拠や難点等に踏み込んで理解することが要請される。論点をそのように多面的に考察することなどを通じて，当該論点の理解を一層深めることが望まれる。また，刑法各論の分野においても，各罪を独立して学習するだけではなく，例えば，財産犯であれば，財産犯全体に共通する総論的，横断的事項を意識し，また，犯罪類型ごとの区別の基準を重視した学習が望まれる。

最近のトレンドだね

●合格答案を書くには

論証は，規範部分だけ押さえていても意味はありません。

例えば，民法177条の「第三者」の意義「だけ」を一所懸命に暗記しても，論文式試験との関係でいえば，「どのような事例で」，「どの文脈でその論点を用いるのか」を把握していなければ宝の持ち腐れです。

合格答案を書くには，以下はマストです。

- ●問題の所在を示した問題提起もセットで考えておく
- ●規範定立後の当てはめについても典型事例や判例の事案を基に考えておく

狭義の意味での論証（規範部分だけという意味）ではなく，広義の意味での論証（論証を使う場面や実際に使える内容を備えた論証という意味）を意識して普段から勉強しましょう。

●論証の暗記

「論証は一言一句すべて覚えなければならないのですか？」という質問がよくあります。答えは「NO」です。

そもそも論点は無数にあります。すべて覚えるのは物理的に無理です。

令和2年刑法の採点実感にあるように，答案に記載すべき論証内容は問いとの関係で決まる（要は，問い次第では覚えておいた論証の中身からその問いに必要な範囲を切り取って起案しなければならない場面があるということ）ので，文章の丸暗記はおすすめできません。

結局，以下の手順を踏むしかないと思います。

ステップ1 論証集に書かれている単語や文章の意味を理解する
ステップ2 最小限度の長さの論証にするならどう書けばいいかを模索する
ステップ3 その最小限度の論証の中に出てきたキーワードを覚える
ステップ4 現場では覚えたキーワードの間を自分の日本語で埋める

4 論述のメリハリについて

重要度
★★★★★
攻略難易度
★★★☆☆

司法試験や予備試験は答案用紙や時間が無制限の中で書くものではありません。時間や分量のマネジメントがマストです。

そのため，論述内容にメリハリをつけなければならないわけですが，具体的にどうすればいいのかは教科書には記載されていません。採点実感を見ながらその暗黙知を言語化してまいりましょう！

▼石橋MEMO▼

●平成27年刑法採点実感

本問は，前記2のとおり，特に，甲の罪責を論ずるに当たって，各論点の体系的な位置付けを明確に意識した上，厚く論ずべきものと簡潔に論ずべきものを選別し，手際よく論じていく必要があった。すなわち，**甲乙丙の罪責を論ずるに当たって検討すべき論点には，重要性の点において軽重があり，重要度に応じて論ずる必要があったが，そのような重要度を考慮することなく，本問において必ずしも重要とはいえない論点に多くを費やすなどしている**答案も見受けられた。

← メリハリ!!

●平成29年民法採点実感

また，各設問で問われている点とは関係のない事柄を長々と述べた挙げ句に，肝心の問題点についての記載が十分にされていない答案も相当数存在した。限られた時間の中で十分な論述をするためには，**各設問で特に問題となる論点については手厚く論ずる一方で，各設問の事案を前提とすれば問題なく認められる要件については必要な限度で簡潔に記載するなど，メリハリを付けて答案を作成することも必要であり**，このような答案は，問題の所在を的確に把握している答案として高い評価がされることにつながる。また，**各設問で特に問題となる点については，そのような結論を採る理由を的確に示す必要があるが**，その理由と結論との間の論理関係が不明瞭であり，あるいは整合性を欠いていると思われる答案も一定数存在した。理由付けをしようとする姿勢は評価するが，論理の整合性にもっと注意を向けるべきである。

← 大事!!

← 理由付けは原則必要です!!

●令和2年刑法採点実感

ただし，論じるべき点が多岐にわたることから，**事実認定上又は法律解釈上争いが生じ得る事項など法的に重要な事項については手厚く論じ，そうでない事項については簡潔に済ませるなど，答案全体のバランスを考えた構成を工夫することも必要である。**

← メリハリ命!!

この論述のメリハリというのは，「事前準備しておくべき事項」と「現場で判断しなければならない事項」に分かれます。

●事前準備しておくべき事項

もはや争いがなく固まっている論点や，当てはめる事情が類型的に少ない論点は答案上サブになるでしょう。

他方，その反対で，**判例と学説の立場で対立が激しい論点であったり，当てはめの事情が類型的に多い論点はメインになる**ことが多いでしょう。こういった**仕分け作業を普段のアウトプットの段階で行っておき，それを柱にしておく**ことでメインとサブの峻別を本番でも可能にすることができます。

●現場で判断しなければならない事項

事前準備の段階でメインになりうると思っていた論点AとBがいずれも出題された場合はどうでしょうか。

ここで，問題文中の事実の量として論点Aに関する事実が圧倒的に多く，論点Bに関する事実が少なかったとします。そうすると，「AがメインでBがサブ」という判断を現場で行い，各分量も調整しなければなりません。

本試験においては，**問題文中の事実が多い要件に関する解釈がメインになる**という法則の下でメインとサブを判断する必要がある場合があります。仕分けたら，メインは三段論法を駆使して理由付けもしっかり書き，サブは三段論法を崩したり，理由付けを端折ったりといった形でコンパクトに論述することになります。

⑤ 判例と学説について

　　安念潤司教授が「判例で書いてもいいんですか？」（中央ロー・ジャーナル第6巻第2号（2009））にて「判例はカミ，学説はゴミ」と仰っていました。

　　受験生は，予備試験や司法試験において，判例と学説にどう対峙するか考えておくべきです。フラットな関係と捉えて自分が書きたいことを自由に書いていては点取りゲームを制覇できません。順位付けをして試験に臨みましょう。

▼石橋MEMO▼

●平成24年刑法採点実感

　判例学習の重要性については，これまでの採点雑感においても指摘されているところではあるが，法科大学院教育においては，**判例の結論のみを学生に習得させるのではなく，当該判例が，どのような事案に対して，どのような法解釈を行い，当該結論を導き出したのかについて学習させることにより，事案の分析能力，抽出した事案に即した法解釈能力及び当てはめ能力を学生に習得させるとともに，これを的確に論述する能力を涵養するよう**一層努めていただきたい。

> これはタメになる指摘！

●平成26年憲法採点実感

　司法試験は，法曹となるべき者に必要な知識・能力を判定する試験であるので，**検討の出発点として判例を意識することは不可欠であり，判例をきちんと踏まえた検討が求められる。**したがって，判例に対する意識が全くない，あるいは，これがほとんどない答案は，厳しい評価とならざるを得なかった。判例に対しては様々な見解があり得るので，**判例と異なる立場を採ること自体は問題ないが，その場合にも，判例の問題点をきちんと指摘した上で主張を組み立てていくことが求められる。**

> 意外とこのルール知られてない気が…

●平成29年民法採点実感

　また，要件として「時効の援用」に言及していない答案が多く，賃借権の取得時効が問題となるとしながら，「所有の意思」の有無について検討しているものも一定数存在した。また，判例の「不動産の継続的な用益という外形的事実」と「賃借意思の客観的表現」という要件のみを掲げ，条文に規定されている要件に言及しないものが相当数存在した。根拠条文すら挙げていない答案も一定数見られたが，**条文が第一であり，判例も条文の解釈を行うものであることを肝に銘じてほしい。**

> そうそう！！アッパレ！！

●平成30年憲法採点実感

　問題文において「参考とすべき判例…を踏まえて」論じるように求めているにもかかわらず，全く判例に言及しない答案が少なからず見られた。**問題文にそのような要求が明示されていなくとも，本来必要なところでは関連する判例に言及するなど，それを意識した論述をすべきで**あろう。なお，判例に言及する場合には，単に事件名や結論を提示するのみでは十分とは言い難い。

> 言及はきついけど
> イシキはしたい！

●令和３年民法採点実感

　本年も，昨年同様，判例を参考にすることで深い検討を行うことができる問題が出題されているが，法律実務における判例の理解・検討の重要性を再認識していただきたい（判例の採った論理や結論を墨守することを推奨してはいないが，判例と異なる見解を採るのであれば，判例を正確に指摘して批判することが必須である。）。例年指摘されているところであるが，判例を検討する際には，その前提となっている事実関係を基に，その価値判断や論理構造に注意を払いながらより具体的に検討することが重要であり，かつ，様々なケースを想定して判例の射程を考えることで，判例の内容をより的確に捉えることができるものである。このような作業を行うことで，個々の制度についての理解が深まるだけでなく，制度相互間の体系的な理解が定着することに改めて留意していただきたい。

> それな

●優先順位

　「資格試験としての司法試験において，条文と判例と学説に順位をつけるならばどうなると思う？」という質問を投げかけると，「条文」を最初に挙げる受験生が多いです。ただ，「判例」と「学説」で意外に悩みます。

> (!) 根本的には各教育機関や予備校での指導の仕方に問題があるのではないかとも思われるところですが，それはそれで置いておいて，受験生としては採点実感に示されているルールを踏襲してほしいところであります。

　「自分的にはこの考え方が好きだからそれを示そう」では駄目です。**まず条文を用いて事例の解決を試み，解釈が必要になったところで判例通説を用い，判例がないところで学説の考え方を参照する**というのがベースです。
　「判例があるけれどもどうしても自分の信念的に学説を用いたい」という場面にのみ，判例を紹介したのちに批判して学説を展開することになります。

第3章

憲　法

憲法の　論文答案の　書き方が　知りたい。
　▷事案に即して　自分の言葉で　具体的に　論述する。
　憲法は　よく　わからない。
　センスを　信じる。
　難しい　ので　寝る。

1 採点方針について

　憲法学習においては，「人権パターン」といった答案の型があります。しかし，このような起案においての一般的な考え方があるものの，予備試験や司法試験の憲法における採点で重視されているのは「事案に即して」「自分の言葉で」「具体的に」論述することです。つまり，型に沿った一般論を書けば点数が来るわけではありません。

　三段階審査論といった考え方はあくまで事案解析のツールです。皆さんは採点実感を熟読し，実際に過去問を解き，一般的な型に沿って思考したうえで具体的な答案を起案するにはどうすればいいのかを考える必要があります。

　憲法は条文の要件効果が民法や刑法ほど具体的ではないため，独特の難しさがあります。ただ，求められている論述のイメージさえわけばそこまで苦手意識を持つ必要はないですよ！

▼石橋MEMO▼

●平成20年採点実感

　憲法学という視点からは，基礎的理解が不十分で，設問の具体的事情を離れて表現の自由に関する論証を記憶に従って並べただけの答案が多く，事案の内容に即した個別的・具体的検討の不十分さや応用力という点で課題を残すものであった。また，いわゆる論点主義の解答に陥っている答案が多く見られた。それらは，残念ながら，憲法の基礎理論を生きた知識として身に付けていない，また，法的思考力ないし論証力が十分に定着していない，と評価せざるを得ないものであった。

楽天論パマンはダメ，絶対！！

●平成21年採点実感

　憲法では，従前から新しい領域の素材を提示する出題がされているが，これは必ずしも全く新しい議論をさせようとするものではない。法科大学院の授業や基本書の記述から身に付けることが可能な基本的事項を正確に理解し，これを基に，具体的問題に即して思考する力，応用力を試すものである。その際，教科書的知識をただ答案用紙に転記するのではなく，個別・具体の事案に応じて，憲法上の問題点を発見し，説得力のある理由を付して，自らの結論を導くことが求められている。

まあ，難しいんだけどな（笑）

●平成22年採点実感

　採点に当たっても，メリハリを付けて評価するようにしており，取り分け「考える」力が現れている部分があれば，評価するようにしている。…法令や処分の合憲性が問題となるときには，原告・被告双方の主張に

いいね，わかるよその気持ち

はそれぞれ相当な根拠があり，結論をどうするか相当に頭を悩ますのが通常である。悩みが感じられない答案とは，真に解決されるべき論点にまで議論が深まっていない答案といえる。

●平成26年採点実感

複数の検討事項についての論理的一貫性を有した答案や軸足を定めた上でそれに基づいて作成している答案は高く評価された。他方で，一つの主張の中で論理的一貫性を欠く答案（例えば，審査基準の厳格さと結論が理由なく逆転しているものなど）や各主張間の価値判断や事案の内容に即した判断のバランスを欠いた答案は，厳しい評価となった。…根拠のある理由がきちんと記載されている答案は，高く評価された。他方で，理由を記載せずに，単に「違憲である」とか「合憲である」と結論のみを記載している答案や，審査基準が記載してあるとしても，なぜその審査基準を採るのかについて理由を記載していない答案などは，厳しい評価となった。…本年の問題では，C社は「条例自体が…違憲であると主張して」訴訟を提起しており，内容的にも，適用違憲（処分違憲）を論じるべき事案ではないにもかかわらず，適用違憲（処分違憲）を論じている答案は，当該記載について積極的評価ができないのみならず，**解答の前提を誤るなどしているという点においても厳しい評価となった**。…同様の観点であるが，本年の問題では，「法人の人権…については，論じなくてよい」，「道路運送法と本条例の関係については，論じなくてよい」と記載されており，それにもかかわらずこれらを論じている答案は，厳しい評価となった。…司法試験は，法曹となるべき者に必要な知識・能力を判定する試験であるので，**検討の出発点として判例を意識することは不可欠であり**，判例をきちんと踏まえた検討が求められる。したがって，**判例に対する意識が全くない，あるいは，これがほとんどない答案は，厳しい評価とならざるを得なかった**。判例に対しては様々な見解があり得るので，**判例と異なる立場を採ること自体は問題ないが**，その場合にも，判例の問題点をきちんと指摘した上で主張を組み立てていくことが求められる。…問題に記載されている事実関係は，原告・被告の立場あるいは答案作成者としての受験者の立場を問わず，当然に前提とされるべき事実である。それにもかかわらず，（意図的であるか否かを問わず）自己に有利な事実のみを取り上げ，自己に不利な事実には目をつぶって主張・見解を展開するような答案は，法曹を目指す者の解答としては厳しい評価とならざるを得なかった。**答案の作成に際しては，自己に不利な事実であっても事実として受け止めた上で，それぞれの立場から当該事実の意味付け・評価等をして，主張を組み立てていくことが求められる。**

理解は文章に現れる‼

それな

判例が軸なんやで

超大事‼答案は一方通行にはなりません‼

　憲法の採点方針に関する採点実感を読み込むと，結局のところ「憲法の基礎知識の習熟度」「事案に即した検討」「判例の理解」の３点が問われていると言えます。

●憲法の基礎知識の習熟度

　憲法だけに限った話ではありませんが，「表現の自由の価値」「大学の自治の内容」「財産権の意義」「適正手続の意義」といった誰もが触れる**基礎・基本を正確に理解して暗記していることを答案上に示さなければなりません**。

　司法試験予備試験は難関試験とは言われますが，そうであっても**試験委員が最も問いたい事項は基礎・基本がベースです。正確な理解と暗記は採点に当たって重視**されます。未知の問題に対して基礎・基本を用いてアプローチする際に考えた道のりが答案に示されていることを求めているという記載も採点実感にあります。

　応用問題においても，基礎・基本の習得は必須なのです。

　憲法の採点実感には，憲法であっても条文解釈であるという記載があります。その通りで，例えば「保護範囲」について答案に展開するときは，条文文言の意義を押さえていないと起案できません。つまり，**各憲法概念の意義を押さえることは受験生としてマスト**です。

●事案に即した検討

　合格する上ではこの観点も絶対的に必要です。**問題文の事実関係に沿わない記載をしていては駄目**です。

　例えば，政治的表現が問題となっていない事案で権利の性質として自己統治の価値を平然と記載する答案，二重の基準論について大展開するのみで事の性

質に応じた権利の性質論や規制態様論が展開されていない答案は評価できません。

　司法試験予備試験で問われているのは生の事実関係に法律を適用して解決することです。「結局，本件ではどうなの？」という部分が答案に現れていないと事案の解決になりません。一般論のみで終われば，それは単なるレポートです。

　あくまで憲法を用いて事案を解決するわけですから，事案に即した具体的な検討を心掛けましょう。

　具体的な方法論として最も簡明なのは「一般論→具体論」の流れを死守することです。

●判例の理解

　判例を使いこなすには，**判例の事案を把握し，判例が示した法律論や当てはめを理解する**ことのほか，**判例を要約して答案上のどこでどう書くかまでを考えておく**ことが必須です。知っていることや理解していることだけでは不十分で，使える知識にまで昇華させる必要があります。

　この作業がなかなか難しいのですが，特に公法系科目は判例の理解を問う問題が多く，他の科目以上に判例学習が要求されます。判決文から目を背けずに普段から取り組みましょう。

　とは言っても，実際には**判例の射程を考えられる受験生というのは極めて稀**です。したがって，射程が論じられなければ合格できないわけではありません。

　そもそも射程を論じるためには基礎・基本が必須です。そのためにも，まずは百選記載判例の内在的理解及びそれを使える形で要約しておくという事前準備に取り組みましょう。

■ 一般論だけの紋切り型の文章の例

表現の自由は，表現活動を通じて個人が言論活動を通じて自己の人格を発展させるという自己実現の価値と言論活動によって国民が政治的意思形成に参加するという民主的な価値である自己統治の価値を有するので重要な権利である。

■ 一般論に加え，事案に即した権利の性質を認定している文章の例

表現の自由の価値として，個人が言論活動を通じて自己の人格を発展させるという自己実現の価値がある。ビラを配布すること（以下，本件自由という。）は，自己の思想を受け手に伝えることでその是非を他人に問えるという意味で自己の人格の発展に資するため，本件自由には自己実現の価値が認められる。また，表現の自由には言論活動によって国民が政治的意思形成に参加するという民主的な価値である自己統治の価値も存在する。本件自由は，A党を支持する旨を記載したビラの配布をその内容としていることからすれば，まさに民主的意思形成に参加するものなので自己統治の価値が認められる。加えて，ビラの配布は安価で簡易に思想の表明を行える上，受け取ってもらえさえすればその内容を見てもらえる可能性が高まる手段であり，広告物のような永続的な伝達力はないものの，瞬間的な伝達力に長けているという意味において，本件自由は国民にとって効果的な表現方法ということが出来る。したがって，本件自由は重要である。

② 設問の種類，特徴について

　憲法の設問は①「憲法上の問題点を答えよ」といった中立的立場での設問，②原告と反論と私見の３つを問う主張反論型，③相談を受けたロイヤーの立場からのアドバイスを書かせる法律意見書型（大島義則『憲法ガールⅡ』（165頁）（法律文化社））の３つが主流です。だたし，どのような問われ方でも内容的には問われている事項は変わりません（主張反論型に関して原告と反論の分量をどうするかについては事前に鍛錬してテクニックを磨いておくべきと私は考えていますが）。

●平成23年出題趣旨

　設問１は，まず，Ｘ社側が訴えを提起する場合の訴訟類型を尋ねている。訴訟法上の問題を詳論する必要はなく，**提起する訴訟類型を簡潔に記述すればよい**。

▼石橋MEMO▼

> 問われてなくても毎回考えてほしいね！

■ 実際の問題文（波線は筆者）

〔設問１〕
　あなたがＸ社から依頼を受けた弁護士である場合，どのような訴訟を提起するか。そして，その訴訟において，どのような憲法上の主張を行うか。憲法上の問題ごとに，その主張内容を書きなさい。
〔設問２〕
　設問１における憲法上の主張に関するあなた自身の見解を，被告側の反論を想定しつつ，述べなさい。

●平成24年出題趣旨

　まず，設問１では，本問における公金支出が憲法に違反するのではないかと考えるＢ村の住民から相談を受け，弁護士としてどのような訴訟を提起するかが問われている。ここでは，「（なお，当該訴訟を提起するために法律上求められている手続は尽くした上でのこととする。）」という設問の記載に留意しつつ，この種の訴訟で通常採られている訴訟形式で，かつ最も事案に適したものを指摘することが求められている。なお，ここでは，法律実務家を目指す者のための試験として，**訴訟形式の根拠となる条文を号まで特定して記載することが求められる**。

> 条文大事！！

　本年の問題も，判例を正確に理解した上でそれらを主体的に検討して判断枠組みを構築すること，そして事案を丹念に拾って個別的・具体的に検討することを求めている。**本年の問題は，伝統的に表現活動のために使用されてきた場所である道路と，伝統的には公衆の集会のための使用に供されていない場所である大学の教室という，対比的構造となっている。**

> 対比の視点はよく出る！！！

●平成30年出題趣旨

　従来は，訴訟の場面を想定し，当事者の主張等において憲法論を展開することを求める出題が通例であったが，実務的には，必ずしも訴訟の場面に限られず，法令を立案する段階においても法律家としての知見が必要であることから，そのような場面で憲法論をどのように活用，展開するかを問う出題とした。法律家としての助言を求められているため，**具体的な条例の文言を指摘しつつ，当該規定で合憲といえるかどうかを答えることが不可欠であり，違憲であるとする場合に，条例案のどの部分がどのような憲法上の規定との関係で問題なのかを具体的に指摘する**ことが期待される。本条例の検討に際しては，問題文の最後の甲の発言にあるとおり，**図書類を購入する立場と販売等をする店舗の立場から憲法上の権利を検討する**ことが必要であり，前者については，憲法第21条の表現の自由に含まれる「知る自由」を，後者については，憲法第22条の職業選択の自由に含まれる「営業の自由」の観点から検討する必要がある。

■　実際の問題文（波線は筆者）

　甲：規制の対象となる図書類の範囲や，規制の手段，内容について，議論があり得ると思います。図書類を購入する側と販売等をする店舗の双方の立場でそれぞれの権利を検討しておく必要がありそうですね。図書類を購入する側としては，規制図書類の購入等ができない青少年と18歳以上の人を想定しておく必要があります。また，販売等をする店舗としては，条例の規制による影響が想定される3つのタイプの店舗，すなわち，第一に，これまで日用品と並んで規制図書類を一部販売してきたスーパーマーケットやコンビニエンスストアなどの店舗，第二に，学校周辺の規制区域となる場所で規制図書類を扱ってきた店舗，第三に，規制図書類とそれ以外の図書類を扱っている書店やレンタルビデオ店を考えておく必要があるでしょう。

〔設問〕

　あなたがこの相談を受けた法律家甲であるとした場合，本条例案の憲法上の問題点について，どのような意見を述べるか。本条例案のど

の部分が，いかなる憲法上の権利との関係で問題になり得るのかを明確にした上で，参考とすべき判例や想定される反論を踏まえて論じなさい。

●令和元年出題趣旨

　本年の問題は，虚偽の表現の規制の可否を問うものである。問題文にもあるとおり，また，報道などでも知られるとおり，フェイク・ニュースは，各国で様々な課題を生じ，対応が模索されている現代的な問題であり，新たな技術的な展開が事態を深刻化させている側面がある現象である。しかし，その規制は，**内容規制という古典的な表現の自由の問題**であり，また，本問の規制は，**表現の削除という強力な制限の問題**でもある。表現の自由の保障の意義という基本に立ち返った検討が求められる。

基礎が全てのスタートライン！

●令和3年採点実感

　本設問では，必要に応じて，自己の見解と異なる立場に言及することが求められている。この観点からは，平板で浅い論述に終始する答案も見られたが，見解が対立する点を的確に見定め，自分の立場とはどこが違うのかを明らかにすることにより，自説を説得力のあるものにすべきである。逆に，**自己の見解とは異なる立場について一通り詳しく論じた上で，これを自己の立場から批判するという論述スタイルを採る答案も**見られたが，本設問への解答に当たっては，自己の立場を論述する中で「必要に応じて」異なる立場に触れつつ，批判的検討を加えることが求められている。

それな

　憲法の出題の設問としては「憲法上の問題点を答えよ」というオーソドックスなもの以外については，大きく「訴訟類型を問うもの」「主張反論型の設問」「法律意見書型の設問」に今のところは分類できると思います。

●訴訟類型を問うもの

　平成23，24年司法試験，平成23年予備試験で出題されましたが，ここでは憲法ではなく行政訴訟に関する知識が問われています。**行政法の知識を駆使して適切な訴訟をセレクトすれば足ります**。また，あくまで憲法で出題されているのであり，行政法で出題されているわけではありません。したがって，「処分」性の定義や検討といった訴訟要件の詳細な検討は求められていないというべきでしょう。

訴訟類型及びその根拠条文を端的に示せば足りると考えられますし，上記採点実感でもそのような指摘がなされているところです。

●主張反論型の設問

司法試験では平成29年まで，予備試験では平成30年までがいわゆる三者間及びそれに準じるような設問の形式です。それ以降は出題形式が下の意見書型に変わったと言われています。令和４年で再び主張反論型の設問に戻りました。

⊙ 設問の形式が固定されたとはいえず，未だ流動的というべきでしょう。

●法律意見書型の設問

具体的な書き方は後述しますが，**憲法の問題では理論面（保護範囲，制約，基準）と事実面（当てはめ）のいずれについても必ず一つ以上の争点が生じるような出題が過去されてきています。**

いずれの問われ方でも，理論面と事実面のいずれのパートでも争点を形成し，それに対する考え方を示す必要があります。

結局，**書き方は異なっても，問われていることは実質的には同じです。**

さらに，平成25年出題趣旨にあるように，**憲法の事例問題では「類似の国家行為の違憲性を問うことでその対比的構造に気づいてほしい」という出題傾向**が顕著です。

問題を解く際には「本問のテーマは何だろう。そこに対比的視点は求められているのではないか。求められているとして，それは何か。どうやって答案上に表現すべきか」を考えましょう。

⊙ 加えて，対比の視点を問う問題では，似てるようで異なる２つ以上の行為（ex. 不許可処分が２つ等）が問題文に示されているはずです。

　そのような構造の問題文に出合った際は，即座に「今回は対比がテーマに設定されているのかな？」というアタリをつけるべきでしょう。

③ 憲法事例分析の視点

　憲法の問題文を漫然と読んでも，「なるほどなるほど。で，結局何を書けばいいんだ」となってしまいます。
　一方，憲法の問題文はよく練られています。一定の視点をもって問題文を読めば事案が立体的に浮かび上がり，「何を書けばいいのか」がわかってきます。
　採点実感の分析を通じて事案分析の視点を養いましょう！

●平成25年採点実感

▼石橋MEMO▼

　まず，問題の事案をよく読み，どのような行為が何によってどのように制約されたのかを正確に把握することが肝要である。関連する憲法上の条文の解釈，デモ行進の自由に関する重要判例，大学の自治に関する重要判例の正確な理解，かつ，それらの判例における事案と本問の事案との相違等を踏まえて判断枠組みを構築した上で，本問事案に対する具体的検討を行い，一定の説得力のある妥当な解決を導き出すことが求められている。

> 問いに全集中!!

●平成27年出題趣旨

　また，論文式試験においては，設問の具体的事案のどこに，どのような憲法上の問題があるのかを的確に読み取って発見する能力自体も重視される。しかし，本年は，論述の出発点である原告となるBが憲法との関係で主張したい点を問題文中に記載することとした。これは，後述するように，本問には平等に関してこれまで論じられてきた典型的な問題とは異なる問題も含まれており，この点も含めてひとまず平等に着目した論述を期待する見地からである。また，平等の問題と表現の自由の問題は，いずれも多くの論点を含む憲法上の基本的な問題であるため，着眼点を具体的に示すことで，その分，論述内容の充実を求めたいとの考えもあった。そこで，本年は，原告となるBが主張したい点につき問題文中で明記するとともに，設問1において，「Bの主張にできる限り沿った訴訟活動を行うという観点から」との条件を付した。

> 超大事!!
> 登場人物の生の主張や不平不満はヒントなり!!

　憲法の事例分析の主な視点を羅列すれば，「立法事実と司法事実の量に着目する」「当事者の生の主張に着目する」「下敷きとなっている判例から考える」ことが挙げられます。

●立法事実と司法事実の量に着目する

　試験委員は「受験生に書いてほしい」と思った事柄をどうやって伝えるのでしょう。

　答えは簡単で，**問題文（事案＋設問＋誘導＋法令）の記載**です。

　つまり，問題文は試験委員が受験生に与えている最大のヒントであり，そこから書くべきことを読み取らなければなりません。

　自分が試験委員になったとして，受験生に論じてほしいメイン論点や判例を決めた後，どのように作問するでしょうか。

　事実の量を多くすれば，それだけその部分に受験生は着目してくれると考えるはずです。試験委員は論じてほしい事項については事実の量を増やすことで受験生に対して気づくヒントを与えてくれるはずです。

　そのような観点からすると，憲法については**立法事実が多ければ法令審査がメイン**になり（平成23年司法試験が典型例），**司法事実が多ければ適用審査がメイン**となります（平成25年司法試験が典型例）。

　このように，立法事実と司法事実の量に着目して事例を分析することは，求められている論述に近づく大きな助け舟となります。

●当事者の生の主張に着目する

　試験委員は「当事者の生の主張」という形で，書くべき事項のヒントを与えます。生の主張とは，法律論を抜きにした主張を指します。要は，法律を知らない一般人が抱く不平不満や考えに関する記述のことです。例えば，平成25年司法試験の問題文には以下の生の主張が問題文にありました。

【平成25年司法試験】（波線は筆者）

　この不許可処分に抗議するために，Aら実行委員ばかりでなく，デモ行進に参加していた人たち約200人が，B県庁前に集まった。そこに地元のテレビ局が取材に来ていて，Aがレポーターの質問に答えて，「第1回のデモ行進と第2回のデモ行進が許可されたのに，第3回のデモ行進が不許可とされたのは納得がいかない。平和的なデモ行進であるのにもかかわらず，デモ行進を不許可としたことは，県の重要な政策問題に関する意見の表明を封じ込めようとするものであり，憲法上問題がある」と発言する映像が，ニュースの中で放映された。（以下略）

「内容規制か否か」という点に着目するよう，問題文から指示されていたと捉えることができるでしょう。

⚠ このように当事者の生の主張を通して受験生にヒントを与えるというのは他の科目でも見られるところです。

●下敷きになっている判例から考える

「判例との距離が近い問題，遠い問題」と私は表現しますが，この判例との距離を意識してほしいです。「判例の事実関係が近い問題か否か」について見てみます。例えば予備試験は，平成29年までは判例との距離が遠い問題でした。それが，平成30年に謝罪広告事件類似の事例が出題されて以降，問題文をぱっと読んだだけで判例名が思いつくような判例との距離が近い出題にシフトしました。

他方，司法試験は，昔から今に至るまで基本的には「判例との距離が遠い問題」が出題されています。そういう意味で判例を事案分析に活かすことがなかなか難しい出題が続いています。

いずれにしても，**「判例との距離が近い問題」であれば判例の考え方を答案に活かすことは必須**になります。「遠い問題」であれば多くの受験生が判例に気づけないので，判例への言及は加点事由と捉えれば十分です（もちろん，出題者の意図としては判例との距離が近かろうが遠かろうが判例への言及及び検討を求めていると思われますが，そこまでのことを全受験生が実践できているとは到底思えないので…）。**下敷きとなっている判例を想起できれば，その判例の事案，論理を軸に据えてその問題の解き方を考えることができます。**例えば以下のような形です。

「あの判例の事案は～で～という理由で～という基準を採用して～という当てはめを行っていたけど，本問はそのまま当てはまる事案だろうか，違うとしてどこがどう違ってそれがどう影響するだろうか」

下敷きとなる判例を想起できればその判例を軸に事案分析を行えるようになります。

⚠ 過去問を起案する際は，「この問題の下敷きとなる判例は何だろう？」を必ず考えましょう。

4 書き方，考え方

「憲法答案の書き方，考え方がわかりません」という受験生は多いです。

原因は，民法の条文のように要件効果がはっきりとしておらず，かつ，事案類型ごとに規範が豊富に用意されているわけではないことにあります。

そもそも日本の憲法判断は，事案ごとにその事案に即した処理をしていると考えられます。そのため，「この類型の場合はこう処理すればよい」といった簡易なテンプレートを用意することはできないのです（最判平成24年12月7日堀越事件千葉裁判官補足意見）。

ただ，何となく考えても憲法事例を分析できるようにはなりません。採点実感の指摘をもとに書き方，考え方のヒントを見出しましょう！

❶ 法令審査と適用審査の考え方

▼石橋MEMO▼

●平成20年ヒアリング

…法令違憲と適用違憲のそれぞれの概念の理解ができていないという答案が多かった。これはかなり基本的な概念であるにもかかわらず，例えば，問題に挙っている個別的な事情，事実だけを取り上げて法令違憲だという形の論述をするということは，本当に基本的な概念を理解できているのか疑問に思わざるを得ない。…少なくとも適用違憲と法令違憲のような基本的な法的概念はきちんとマスターしていただかねば困る。

> それな

●平成20年採点実感

被告（当事者）としては法令違憲の主張をまず行い，それが認められない場合でも本事件に関して適用違憲（処分違憲）が成り立つことを主張する方法が，まず検討されるべきである。

> それな

●平成22年採点実感

法令や処分の合憲性を検討するに当たっては，まず，問題になっている法令や処分が，①どのような権利を，どのように制約しているのかを確定することが必要である。次に，②制約されている権利は憲法上保障されているのか否かを，確定する必要がある。この二つが確定されて初めて，人権(憲法)問題が存在することになる…。その際…審査基準とは何であるのかを，まず理解する必要がある。また，幾つかの審査基準か

> ここは読み方を気をつけたい！

ら，③なぜ当該審査基準を選択するのか，その理由が説明されなければ
ならない。さらには，審査基準を選択すれば，それで自動的に結論が出 ◀ 大事！
てくるわけではなく，結論を導き出すには，④**事案の内容に即した個別**
的・具体的検討が必要である。

●平成23年採点実感

　法令違憲を論ずるに際して，立法事実に照らして法令の規定がどうか，
ということではなく，Xの個別事情をもって論ずる答案が目に付いた。
これは，**法令違憲と処分違憲とを混同している**ものと考えられるが，両 ◀ 大事！！
者を論じる際の**考慮事由の差違をきちんと押さえる必要**がある。

●平成28年採点実感

　本問では，架空の性犯罪継続監視法がいかなる憲法上の人権をどのよ
うな形で制約することになるのかを正確に読み取り，被侵害利益を特定
して，その重要性や規制の程度等を論じて違憲審査基準を定立し，問題
文中の事実に即して適用するなどして結論を導かねばならない。その際，
当該権利（自由・利益）を憲法上の人権として保障すべき理由，これに
一定の制限を課す必要がある理由（反対利益への配慮），これらを踏ま
えて当該違憲審査基準を採用した理由，同基準を適用して合憲又は違憲
の結論を導いた理由について，いかに説得的に論じているかが，評価の
分かれた一つのポイントとなる。

●人権事例問題における判断

　憲法の人権事例問題では「法令違憲の主張をするべきか」「適用違憲の主張
をするべきか」「いずれも主張すべきなのか，片方なのか」という出題がされ
ることがあります。

　もちろん，問題文に「法令の合憲性を検討せよ」といった指定があればわか
りやすいですが，自分で判断しなければならない場合もあります。

　ただし，採点実感に法令審査→適用審査の順番で答案を書けとあるため，論
じるべき順番は明らかになっていると言えます。

●立法事実と司法事実

　また，法令審査の対象となる事実を立法事実と呼び，適用審査の対象となる
事実を司法事実と呼びます。両者の区別は間違いなく採点項目に入っているで
しょう。扱う事実を間違えないよう十分配慮すべきです。

●答案の書き方の順序

　答案の書き方ないし考え方について，採点実感を形式的に読むと「制約→保護範囲→基準の定立→当てはめ→結論」のように読めます。

　事案解析のツールの一つである三段階審査論は，「保護範囲→制約→正当化」の流れなので悩む方もいるかもしれません。

　令和3年採点実感のトピックの順番を見てみると，以下のとおりになっています。

```
第2　規制①について
　1　問題となる人権について
　2　問題となる人権への制約について
　3　制約の合憲性の判断について
```

　総合的にこれらを考えると，**答案は「保護範囲→制約→正当化」の順番**がよいと考えられます。

　⊙　採点実感はあくまで思考プロセスを説いたものと捉えればよいでしょう。

❷　保護範囲の考え方

●平成25年採点実感

　Ａらの行為が憲法上の権利として保障されることについて，条文の文言との関係に留意しないまま論じている答案が一定数見られた。**憲法解釈は条文の解釈でもあることを忘れないでほしい。**

●令和3年出題趣旨

　規制②は，特定区域の住民以外の者の自家用車による移動を制限するものであるが，まず検討を要するのは，自家用車による自由な移動を，憲法上，どのように位置付けるかである。この点，**外国への一時旅行の事案であるが，国内における移動の自由が憲法第22条第1項の居住・移転の自由の保障に含まれるとしていると解し得る判例がある**（帆足計事件判決〔最大判昭和33年9月10日民集12巻13号1969頁〕参照）。…これに対し，**移動の自由は，憲法第22条第1項の「移転」に含まれるもので**

▼石橋MEMO▼

超大事!!
条文中心主義!!

条文文言が「　」でくくられている所に注目!!

66

はないとの見解もあり得る（前掲帆足計事件判決における田中耕太郎，下飯坂潤夫両裁判官の補足意見参照）。このような立場からは，移動の自由に対する制約は，一般的自由又は幸福追求権（憲法第13条）の問題として検討されることになる。

●憲法の条文の特徴

憲法の条文は，民法のような法律と異なり，要件効果が丁寧に書かれていません。

要件事実が丁寧に書かれていれば，性表現が問題となっている事案であれば，「○○の基準で判断する」であったり，職業選択の自由に対する消極目的規制であれば「厳格な合理性の基準で判断する」であったり，条文の書きぶりなのであればその要件に当てはめて効果を発動させたりで済みます。

しかし，実際の憲法の条文は，例えば21条1項であれば「集会，結社及び言論，出版その他一切の表現の自由は，これを保障する。」と規定するのみです。いかなる場合にいかなる基準が採用されるのかが明らかにされていません。

このように，憲法の条文が抽象的であることに起因してか，問題を解く際に六法を開いて条文を解釈しようとする受験生は少ないです。実際にそのような指摘が採点実感でなされています。

ですが，我々がしなければならないのは**目の前の生の紛争を憲法を用いて解決する**ことです。条文を見て解釈していく作業が必須なのです。

憲法だからと言って条文から目を背けるのはロイヤーないしロイヤーを目指す者としてあるまじき姿です。

●保護範囲論の展開

以上のように憲法においても条文解釈が重要です。答案上は**保護範囲論を展開する際に憲法の条文文言を解釈していくイメージ**を持ちましょう。

保護範囲論は3つのブロックに分かれます。

① 憲法が保護している範囲を確定する（憲法条文の解釈）

⬇

② 本件事案において問題となっている権利が含まれることを確定する（当てはめ）

⬇

③ 本件事案において問題となっている権利が憲法21条1項で保障されることを示す（結論）

　つまり，憲法条文を用いた三段論法です。したがって，①の部分で憲法の条文文言の定義を示さなければなりません。

【定義】
「表現」とは思想の外部的表明を意味する。

　解釈が必要になるのであれば解釈しなければならないのです。

【解答例】
　「表現」（21条1項）とは，思想の外部的表明を意味するが，報道は事実の提供なので「表現」にはあたらない。
　もっとも，博多駅事件決定によれば，事実の提供の自由であっても国民の知る自由に資するため，思想の表明の自由と並んで21条1項で保障されると解される。
　そうだとすれば，報道の自由は国民の知る自由に資するため，思想の表明の自由と並んで21条1項で保障される。

❸ 基準の考え方

審査基準の内容を正確に理解することが，必要不可欠である。**中間審査基準における目的審査で「正当な目的」とするのは誤りである。中間審査基準では，「重要な目的」であることが求められる。**合理性の基準で求められる「正当な目的」の意味・内容を正確に理解してほしい。…審査基準論を展開するが，**なぜその審査基準を採用するのか，また，本件の事案に適用した場合にどうなるのか，について丁寧に論ずる必要がある。**「厳格な審査が求められる」と一般的な言い回しをしながら，直ちに「厳格審査の基準」あるいは「中間審査の基準」と書くことには，問題がある。合理性の基準よりも審査の厳格度が高められるものには，「厳格審査の基準」と「中間審査の基準」とがあるので，なぜ，どちらの基準を選択するのかについて，**説明が必要である。**

> 理由に配点がある !!

●平成22年採点実感

その際，どのようなものでも審査基準論を示せばよいというものではない。審査基準とは何であるのかを，まず理解する必要がある。また，**幾つかの審査基準から，なぜ当該審査基準を選択するのか，その理由が説明されなければならない。**さらには，審査基準を選択すれば，それで自動的に結論が出てくるわけではなく，結論を導き出すには，事案の内容に即した個別的・具体的検討が必要である。

●平成26年採点実感

根拠のある理由がきちんと記載されている答案は，高く評価された。他方で，理由を記載せずに，単に「違憲である」とか「合憲である」と結論のみを記載している答案や，**審査基準が記載してあるとしても，なぜその審査基準を採るのかについて理由を記載していない答案などは，厳しい評価となった。**…審査基準を「やや下げて」とか，「若干緩めて」といった記述が見られたが，判例や実務でこのような用語を使うかは疑問である。

●平成27年採点実感

基本的な知識や理解が不足しているからか，本問限りの独自の枠組みを定立しているかのような答案も見られた。しかし，**判断の枠組みの定立に当たっては，判例や学説をきちんと踏まえる必要がある。**

> 自分流は NG !!

●平成30年採点実感

権利の性質や制限の態様を踏まえて違憲審査基準を定立し，当てはめるという基本的な判断枠組み自体はほとんどの答案に示されていた…立

法目的が重要だから審査基準が緩和されるのかについては十分な議論が
必要であり，その点を意識した論述が必要である。

●令和2年採点実感

罰則があるので緩やかな基準を採れないという答案があったが，審査
基準は権利に対する制約の態様，強さで定立されるべきである。罰則の
有無は目的達成手段の審査において考慮されるべき事柄であると思われ
る。

> 勉強になります
> …

●令和3年採点実感

また，違反行為に過料が科されることを理由として緩やかな違憲審査
基準を採用できないという答案があったが，合憲性の判断枠組みは問題
となる権利とその制約の分析を通じて定立されるべきである。制裁の有
無や程度は，手段審査において考慮すべき事情である。

●合憲性

合憲性の判断の枠組みに悩む受験生は多いです。その要因には，判決文を読
むほどに色々な言い回しの基準が登場し，かつ，参考書や予備校の書籍を読ん
でも書籍ごとに色々な区分・分類・主張がなされているため，「結局どうすれ
ばいいのかわからない」ということがあります。

このような難しさがありますが，資格試験に受かるという側面を重視するの
であれば，**採点実感で指摘されている考え方に則って起案**すれば足ります。

では，採点実感で指摘されている考え方とは何か？

採点実感では以下のように述べています。

① 一般的に「厳格」な基準，「中間審査」の基準，「合理性」の基準の3つが存在し，

② それらは権利の性質と規制の態様から基本的に定まり，

③ 罰則や対立利益の存在はそこでは考慮せず，

④ とにかく「なぜ」その基準を採用したのかといった理由部分に点数がある

まずは①〜④を徹底することが重要です。

このような**採点実感で指摘されている一般的な考え方と判例の立てた
規範（基準）の関係は，民法と会社法の関係と同じ**です。

一般法（民法）で事案を処理することはできるものの，特別法が妥当する場

面では特別法（会社法）を適用することになるイメージです。

　憲法の事例問題も「一般的な考え方」で解くことはできます。ただし，判例と事実関係が同じあるいは近いため，その判例の射程が及ぶ事案では判例の言い回しを用いると高得点が狙えます。

　試験委員が求めている答案には判例の射程を見極める力が不可欠です。判例の射程を答案に展開できないと受からないかというとそんなことはありませんが…。

　皆さんとしては，**まずは上記①〜④にあるような一般的な考え方**を使いこなせるようになることを目標とすべきです。

　そして，そのステップをクリアしたら，今度は判例を使えるようになるようなトレーニング（判例の事実関係，論理，補足意見や評釈，反対の考え方等を要約して答案ならどの場面でどう書くかまでをまとめておく）をしていけばよいでしょう。

❹　当てはめの考え方

●平成23年採点実感

　求められているのは，「**事案の内容に即した個別的・具体的検討**」である。あしき答案の象徴となってしまっている「当てはめ」という言葉を使うこと自体をやめて，平素から，**事案の特性に配慮して権利自由の制約の程度や根拠を綿密に検討すること**を心掛けてほしい。

▼石橋MEMO▼

これは言いがかりだな
内容がよければ問題なし！ただまあ，一応使わないのが無難かな

●平成23年採点実感の補足

　…求めているのは，パターン化した観念的・抽象的な記述ではない。「平成20年新司法試験の採点実感等に関する意見」（4頁）にも記載があるように，「**必要不可欠の（重要な，あるいは正当な）目的といえるのか，厳密に定められた手段といえるか，目的と手段の実質的（あるいは合理的）関連性の有無，規制手段の相当性，規制手段の実効性**等はどうなのかについて，**事案の内容に即して個別的・具体的に検討すること**」を求めている。

考慮要素として押さえたい！

●平成26年採点実感

　問題に記載されている事実関係は，原告・被告の立場あるいは答案作成者としての受験者の立場を問わず，当然に前提とされるべき事実である。それにもかかわらず，（意図的であるか否かを問わず）**自己に有利**

な事実のみを取り上げ，自己に不利な事実には目をつぶって主張・見解を展開するような答案は，法曹を目指す者の解答としては厳しい評価とならざるを得なかった。答案の作成に際しては，自己に不利な事実であっても事実として受け止めた上で，それぞれの立場から当該事実の意味付け・評価等をして，主張を組み立てていくことが求められる…条例第1条の規定する立法目的は，本来，読解が必要とされるが，その読解作業を行う答案は非常に少なかった…全体として，定立した審査基準の下で，事案の内容に即した個別的・具体的な検討を行う際に，その検討が「あっさり」している答案が多かった。法曹に求められるものとしては，判断枠組みの構築と並んで，「どのような事実に着眼し，どのように評価するのか」という点が非常に重要であるので，この点には物足りなさを感じた…毎年のように採点実感で指摘しているためか，判断枠組みを前提として事案を検討する際に，「当てはめ」という言葉を使用する答案は，少なくなってはいるが，なお散見される。また，「当てはめ」という言葉を使って機械的な「当てはめ」を行う答案の問題性が際立つ。

これはダメ!!
not 一方通行

相当根に持ってるんだねぇ…（笑）

●平成27年採点実感

問題文で与えられた事実に憲法的な評価を加えることなく，問題文の単なる引き写しや単に羅列するだけの答案が一定数見られた。また，問題文で与えられた事実を超えて必要以上の推測をし，それ（問題文にない事実）を答案に反映させている答案も見られた。このような答案は説得力に欠け，また，後者については「問題文はそのようなことを言っていない」と否定的に評価される可能性があることに注意してほしい。

抽出と評価で
1セット！

●平成29年採点実感

具体的な検討において，立法目的の検討が不十分なものが多く見られた。妊娠を強制出国事由とすることの目的は，特労法第1条の目的を引用するにとどまるのではなく，それを具体化した，定住を認めない趣旨を徹底することが目的として検討されるべきである。また，目的に関して，社会保障制度への負担についてのみ着目したものが見られたが，外国人を多数受け入れた場合に生じる社会的軋轢も考慮すべき点であろう。

●平成30年出題趣旨

本条例の目的が，青少年の健全育成のみならず，一般市民がむやみに卑わいな画像等に触れないようにするという点にあることについて，青少年の場合と同様，憲法上の権利の制約の目的としてふさわしいのかどうかについても言及することが考えられる。例えば，条例の目的は，結局のところ，卑わいな画像等を見たくない人を保護するということになるが，見たくないものに触れさせないこと一般が法的保護に値するとは言えないという議論や，目的が漠然としたもので抽象的にすぎるといった指摘をして，その目的としての価値が大きくないと評価する方向で議論をすることも考えられよう。他方，性的な羞恥心や卑わいなものを見

なるほど！

たくない人の不快感は，現に一般に共有されている感情である以上，十分に法的保護に値するといったことから，制約目的としての価値を見出す議論をすることもできるであろう。

●平成30年採点実感

　違憲審査基準を定立するについて説得力の乏しい答案や，**目的の審査が極めて雑なもの**，手段審査がその違憲審査基準に沿っていないもの，具体的な理由を示すことなく形式的に当てはめただけのもの，自らが定立した基準と当てはめが実質的に齟齬しているものが見られた。逆に，目的や手段の審査において，自分なりに理由を示して，実質のある十分な検討を行っているものは全体としても高く評価できた。…不快なものを見たくないとか，あるいはおよそあるものを見たくないという感情の保護それ自体を当然のように制約目的として肯定し，場合によっては更にそれを憲法第13条や第21条に基づく権利であるとする答案が目についた。この種の利益保護を制約目的として認めることについて，**検討ない**し一定の留保が必要であるとの意識を持ってもらいたかったところである。

> けっこう多いよね。目的審査をアッサリ済ませる人。

●当てはめについて

　採点実感では「当てはめ」という言葉を使うなという指摘がされています。

　「当てはめ」という言葉を使っているのに，検討内容が薄っぺらい答案が量産されていることにしびれを切らした結果，「当てはめ」という言葉自体に敵意が向けられてしまったのかもしれません。

　このように採点実感に記載された以上，答案に「当てはめ」という言葉を**使わないでおくのが無難**と言えましょう。どうしてもトピックを立てたい方は「個別具体的検討」とでもしておけば済みます。正直，ネーミングを「当てはめ」とするか「個別具体的検討」とするのかはどうでもよく，大事なのは中身が充実しているかという点です。

●目的審査

　まず，目的審査について，「目的の認定をしっかりしなさい」「保護法益の要保護性についてちゃんと検討しなさい」と採点実感に書かれています。

　確かに，添削をしていると判を押したかのように法の１条だけを引っ張ってきてそこに記載されている事項が○条の目的であると認定する答案があります。

　例えば，建築基準法１条のように１条の中に生命身体財産の保護が具体的に

規定されているのであればいいですが，公共の福祉の増進に資するといった抽象的な目的しか規定されていない場合は立法事実等から自分で個別の条項の目的を認定しなければなりません。

(!) 要は，目的についての読解が必要です。平成26年や平成30年の司法試験の過去問を検討してみましょう。総じて，目的審査を適当に済ませてしまう受験生が多いですが，目的審査もしっかり行ってください。

●保護法益の要保護性

他方，後者の保護法益の要保護性は，不安や不満といった主観的利益の場合に要保護性を検討する余地が多分に出てくるということを言っています。なお，平成23年の司法試験のような問題では，害悪発生の蓋然性についてもシッカリ検討させるような構造になっていますので，必ず解くことをオススメします。

●手段審査

さらに，手段審査については大きく手段適合性，手段必要性，手段相当性といった考慮要素があります。それらの要素ごとに緻密な検討をすることを心掛けましょう。

(!) 司法試験予備試験では事実に配点があります。事実を使える法律構成を行い，当てはめで事実を使い切れば高得点が狙えます。

❺ 主張反論形式の書き方

| ▼石橋MEMO▼ |

●平成20年出題趣旨

その際，裁判の場で行なう主張であるので，**判例と異なる主張を行なう場合には，判例の判断枠組みや事実認定・評価のどこに，どのような問題があるかを明らかにする必要がある。**

●平成23年出題趣旨

「原告側の主張」と「被告側の反論」において極論を論じ，「あなた自身の見解」で真ん中を論じるという「パターン」に当てはめた答案構成

によるものが多かった…論述の大部分が，後に否定されることを前提とした，言わば「ためにする議論」の記載となっていた。このような**答案は，全く求められていない**。

●平成23年採点実感

設問１は，まず，Ｘ社側が訴えを提起する場合の訴訟類型を尋ねている。**訴訟法上の問題を詳論する必要はなく，提起する訴訟類型を簡潔に記述すればよい**。法令違憲の主張に関しては，何でも書けばよいのではない。**憲法の論文式問題において登場する弁護士は重要な憲法判例や主要な学説を知っている**，と想定している。したがって，憲法論として到底認められないような主張を書くのは，全く不適切である。一定の筋の通った憲法上の主張を，十分に論述する必要がある。

> これはNGだわな

●平成26年採点実感

設問２について，「被告側の反論についてポイントのみを簡潔に述べた上で」とあるからか，被告の反論については全体で一点だけ簡単に示して，後はすべて受験者自身の見解だけを書くというスタイルも見られたが，出題者の趣旨は，設問１で論述した原告側主張と対立する被告側主張を意識した上で，自身の見解を説得的に論証してもらいたいというものであるので，**少なくとも両者の対立軸を示すに足りる程度の記載は必要である**。設問２について，【ある観点からの反論→それに対する受験者自身の見解→別の観点からの反論→それに対する受験者自身の見解→更に別の観点からの反論→それに対する受験者自身の見解…】という構成の答案が多かった。その結果，手厚く論じてもらいたい受験者自身の見解の論述が分断されてしまい，受験者自身が，この問題について，**全体として，どのように理解し，どのような見解を持っているのかが非常に分かりづらかった**。さらに，極端に言えば，「原告の△△という主張に対し，被告は××と反論する。しかし，私は，原告の△△という主張が正しいと考える」という程度の記載にとどまるものもあった。

> 読み手をイシキ

●平成27年採点実感

設問２では，設問１(2)で反論として自ら示した問題点を踏まえつつ，「**あなた自身の見解**」をきちんと論じるべきである。それにもかかわらず，理由をほとんど記載することなく，「Ｂの見解に賛成である」とか「Ａ市の見解が妥当である」などと記載する例が見られたほか，結論がいずれであるかを問わず，多くの答案において，結論を導く過程で法的構成を事案に即して丁寧に論じることができていなかった。また，被告となるＡ市の反論が妥当でないことを論じるだけでは自己の見解を論じたことにはならないにもかかわらず，Ａ市の反論に対する再反論のみを記載している答案も見られた。

> 大事なのは私見!!

　本年は，昨年と異なり，各設問の配点を明示しなかったが，設問１で
は付添人の主張を，設問２ではあなた自身の見解を，それぞれ問い，検
察官の反論については，あなた自身の見解を述べる中で，これを「想
定」すればよいこととした。したがって，**検察官の反論については，仮
に明示して論じるにしても簡にして要を得た記述にとどめ，あなた自身
の見解が充実したものになることを期待したものである。**この点では，
本問は，従来の出題傾向と何ら変わらない。…ただ，その際，**検察官の
反論を明示する以上は，判断枠組みを定立するだけで終わるのでは不十
分であるし，「目的は不可欠で，手段は最小限である」などと結論を記
載するだけでも足りず，冗長にならないように留意しつつ，検察官とし
てその結論につながる積極的・直接的・根本的な理由（判断の骨組みと
なる部分）まで端的に示す必要がある。**他方，結論的に付添人の主張と
同一の結論となるにしても，なぜ検察官の反論を採用できず，付添人の
主張と同一の結論に至るのかについて説得的に論じなければ，検察官の
反論を踏まえたものとはならないことに留意して欲しかった。…しかし
ながら，例年と同様，検察官の主張を詳細に述べる余り，あなた自身の
見解が簡単なものにとどまってしまった答案や，あなた自身の見解が検
察官の反論に対する再反論に終始してしまい，そのため，あなた自身の
見解について，どのような判断枠組みの下，どのような事実関係に着目
して，どのような結論を導いたのかが不明確な答案が相当数あった。ま
た，検察官の反論及びあなた自身の見解に言及されているものの，あな
た自身の見解が検察官の反論を踏まえたものになっておらず，付添人の
主張を繰り返すだけになってしまっている答案も見られた。

　原告の主張，国の主張，自己の見解を示すことが求められているが，
原告や国の主張として，およそ認め難いものを想定し終わって容易に反
論するという論述では，淡白な内容とならざるを得ない。**判例・通説の
立場からして，極端な，若しくは単純に過ぎる（したがって批判も容易
な）主張を前提にして答案を構成するのは適当ではなく（例えば，国の
主張として，外国人の人権はおよそ保障されないなど），判例や通説的
見解と異なる見解を採用することは差し支えないが，少なくともそれら
の存在を前提とした立論をすべきであろう。**

●主張反論型の問題

　予備試験では平成30年まで，司法試験では平成29年までいわゆる主張反論型
の問題が出題されています。令和４年の司法試験で復活したことからすれば，
今後も出題される可能性はある問題形式です。

まず，主張反論型の問題の配点割合なのですが，**司法試験では平成27年に以下のような配点割合が示された**ことがあります。

　原告：反論：私見＝4：1：5

　もちろん，それ以外の年度もこの比率が守られているという保証はありません。しかし，平成19年のヒアリングでは原告のパートは原告に有利な主張をフルスケールで記載することを求めています。それ以降の採点実感で反論については，コンパクトに記載することを要求し，かつ，試験については反論で争点形成した部分について厚く書くことを求めています。そう考えると，**基本的には踏襲されている**でしょう。つまり，論述の分量配分は配点割合に沿った形で行うべきです。

●判例・通説・学説

　論述の分量配分を上記のようにした上で，原告・反論・私見を問わず，**判例・通説・学説を知っていることを前提**とすることが求められます。

　判例が存在する分野であるにもかかわらず学説を持ち出したり，通常取り得ないような見解を採用したり，およそ争点にならないような些末な論点を無理やり争点化することはやめましょう。

●原告

　原告パートについては，**基本的には原告に有利な主張「だけ」をフルスケールで展開すればよい**です。ここに譲歩は不要です。

　フルスケールと言っても，あまりに詳細すぎる理由付けを行ってしまうと私見で被る可能性も否定できませんので，そこはうまい塩梅を身に付けるしかありません。

●反論

　反論については，結論だけを示すのも駄目で，他方長々と書きすぎるのも駄目です。**【理由＋結論】をワンセット**にして反論を記載しましょう。

　例えば，「厳格な基準で判断するべきであると反論する。」だけでは結論だけ

になっていて駄目です。

「内容規制なので厳格な基準で判断するべきであると反論する。」のようにポイントとなる理由を一つ付して反論します。

●私見

反論で示した理由の詳細は私見で書きます。前述の例であれば，なぜ内容規制だと厳格な基準になるのかは私見で書きます。

1本の答案を書くパートではなく，原告と反論パートを経て形成された争点についての論評を行うパートであると認識すると書きやすくなります。

> (!) 添削していると，「保障については原告の主張の通りである。」などとして争点になっていない部分について記載している答案をよく見ます。そもそも原告と同じと書いているだけの文章に点数は付きません。争点を形成した上で，その部分についての私見を書くことを忘れないようにしましょう。

●憲法の事例問題の注意点

もう1点憲法の事例問題で注意しておきたいことがあります。それは，理論面（審査基準の定立までの部分）に1つ以上，事実面（当てはめの部分）に1つ以上の争点が形成されるような出題がされてきているということです。

したがって，反論パートに少なくとも2つ成立することになります。**反論が理論面と事実面のいずれにもなされているかをチェック**しましょう。

❻ 意見書型の書き方

●平成30年採点実感　　　　　　　　　　　　　　　　　　　▼石橋MEMO▼

　本問の設定は，条例の制定に当たり法律家として助言を求められているというものである。この設定を離れて無理に対立当事者を設定し，すべての論点について形式的に違憲・合憲双方の主張を対立させて自らの見解を述べる答案が散見されたが，期待されているのは，法律家としての自らの見解を十分に展開する中で，必要に応じて，自らの見解と異なる立場に触れる形で，論述をすることである。…主張，反論，私見という構成を取る答案も一定程度見られたが，本問における問われ方に即し

なるほど！

ていない。強引に主張，反論の構成を取っている答案は，極端な内容の記載や重複した記載をするなどして，肝心な具体的検討がおろそかとなっており，また，最終的に法律家としてどのような見解に立つのかの結論が非常に分かりにくいものとなっていた。…本問では法律家としての意見を問われているのであるから，**基本的には，条例案の規制について，違憲か合憲かの結論が示されるべきである。**

結論大事！

　本問の設定は，昨年と同様，法律の制定に当たり法律家として助言を求められているというものである。このような問題設定において，期待されているのは，法律家としての自らの見解を十分に展開する中で，必要に応じて，自らの見解と異なる立場に触れる形で論述をすることである。昨年に比べて少なくなったものの，依然として，主張，反論，私見という構成を取る答案があり，このような答案は，全体として論述が平板で，説得力の乏しいものとなっていた。また，訴訟の場面ではないのであり，主張適格について論じることは必要ない。

なるほど

●令和2年採点実感

　特段必要もないのに各段階で自己と異なる立場から論述をするなど，「自己の見解と異なる立場に言及すること」に不必要にとらわれすぎている答案が一定数あったが，**自説を中心に記述を展開する中で，必要な限度で他説に触れつつ，批判的検討を加えていくという書き方をすべき**である。

●意見書型の問題

　意見書型の問題において，主張反論型と同じように無理やり答案を構成するのは，問いに答えたことになりません。

　(!) 問いに答えることは全科目で求められている作法です。必ず守らなければなりません。

　意見書型の問題では，**自分の考えを1本の答案という形で起案していく中で，争点となりそうな部分については反論をコンパクトに挿入して争点を形成し，それについての私見をその後に述べる**という形で答案を展開すればよいでしょう。

　(!) 結局，主張反論型，意見書型問わず，反論が争点形成機能を有するという点では実質は同じです。

❼ 憲法判例の答案における使い方

●平成20年採点実感

関連する先例がきちんと挙げられて，検討されていない（本問では，岐阜県青少年保護育成条例事件判決，第三者所有物没収事件判決等）。このことは，それぞれの領域の重要判例を当該事案との関係でただ覚えているだけで，問題を本質的に理解していないことの現れであるように思われる。

●平成23年採点実感

内容的には，判例の言及，引用がなされない（少なくともそれを想起したり，念頭に置いたりしていない）答案が多いことに驚かされる。答案構成の段階では，重要ないし基本判例を想起しても，それを上手に持ち込み，論述ないし主張することができないとしたら，判例を学んでいる意味・意義が失われてしまう。

●平成28年採点実感

また，本問は，全面的に直接に依拠できる判例が存在する事案ではないが，参考となる判例の射程を正確に理解し，本問事例との相違を指摘しつつ議論の展開を可能な限り判例に基づいたものにしようとする答案は，論述も説得的なものとなり，評価が高かった。

●平成29年採点実感

本問は，マクリーン事件等幾つかの参考となる判例を想起すべき事例であり，これらの判決の趣旨を理解し，その射程を意識しながら本事例について論証しようとする答案は説得的であり，高い評価となった。他方，これらの重要判例がおよそ意識されていないもの，あるいは，本事例の特性を意識した論述とは言い難く，淡白な記述にとどまるものは，低い評価とならざるを得なかった。

●令和2年採点実感

関連する判例に言及しつつ論ずるべきことは問題文の要求でもあるところ，全く判例に言及しないまま論述を進める答案が少なからずあった。一般論としても，法曹を目指す者が関連する判例を無視して議論を展開することは許されないであろう。まして，本設問のように当然言及してしかるべき関連判例が存在する事案については，当該判例を明示し，その論旨を踏まえて自らの見解を示すことは必須である。

●採点実感と現実

　この部分の採点実感の読み方と言いますか，捉え方は非常に慎重になる必要があります。

　採点実感は，判例の「引用」や「言及」を求めていますが，再現答案を見る限り「引用」までできている答案は上位答案であっても稀です。さらに，「言及」についても事件名まで示している答案は極めて稀です。つまり，若干現実との乖離が激しいコメントと言うことができます。

　私としては，事件名の「引用」「言及」までは合格するだけなら不要で，**下敷きとなっている判例の理解を少しでも答案の中に盛り込むことが出来れば大丈夫**だと思っています。形式的に判例に「引用」「言及」まで出来なくても，実質的に判例に触れられていれば十分合格ラインです。

(!) ただし，実質的に判例に触れるためには，下敷きとなっている判例に気づけなければなりませんし，判例のロジック等を使いこなせなければなりません。結局のところ，普段から判例学習をしっかりと行っておくしかありません。

❽ 答案構成のヒント

●平成20年出題趣旨

このように，本問では，多くの問題が存在する。求められていること
は，上記の問題点をすべて挙げることではない。試験時間の制約の中で，
重要度を自分で判断して重要であると思う（その判断の妥当性は問われ
るが。）複数の問題について，説得力のある主張を展開することが求め
られている。

●平成20年採点実感

与えられた資料を精読せず，具体的な事案に即したきめ細かい対応が
なされていない。例えば，資料で示された本問に特有の具体的な事情に
ついて全く触れていない答案が目立った。**解答する上で，資料の活用は
必須である。**

●平成22年採点実感

**問題の事案は仮想のものであっても，全く新しい議論をさせようと
するものではなく，法科大学院の授業，基本判例や基本書の理解から身に
付けることが可能な基本的事項を正確に理解し，これを基に，具体的問
題に即して思考する能力，応用力を試すものである。**採点に当たっても，
メリハリを付けて評価するようにしており，取り分け「考える」力が現
れている部分があれば，評価するようにしている。

●平成28年採点実感

特に，問題文中には，被侵害利益を特定する手掛かりとなる事実，違
憲性審査基準を選択する説得的な理由になり得る事実，審査基準に当て
はめて結論を導くための要素となる事実等が数多く記載されているので，
それらの意味を憲法的視点から構成し，付添人及び検察官双方の立場か
ら，結論を導く理由について説得的に論じることを期待した。これらの
理由について，**自分の頭で考え，自分の言葉で論じている答案は評価が
高かった。**

▼石橋MEMO▼

それな！

全科目共通だね!!

82

●多論点型とそうでない場合

　平成20年の採点実感では「書けることをすべて書けなければならない訳ではない」という指摘があります。多論点型の問題なのであればその通りですが，逆に，論点自体が絞られているような問題ではすべて触れなければ高得点は厳しいので，場合によりけりだと思います。

　近年は多論点型の出題は憲法では見られません。そのため，基本的には求められている論点には触れなければならないという認識でよいかと思います。

●高得点を狙うには

　他方，憲法で高得点を取るためには，「**自分の言葉で**」「**事案に即して具体的に**」論述する必要があります。例えば，「表現の自由には自己実現の価値があるので重要である。」という答案は星の数ほど見てきました。そのような一般論だけ書いても事案の解決にはなりません。

　「その事案における自己実現とは何なのか」を「自分の言葉で」「事案に即して」具体的に書けば書くほど説得力が増します。

　そのような**説得性こそが試験委員が求めている論述**です。皆さんも強く意識されるといいと思います。

(!) 資料の活用が必須なのは会社法で定款や貸借対照表が添付されていたら活用するのがマストなのと同じですね。見る必要がないのであればわざわざ資料は添付しません。必ず答案上で言及しましょう。

第4章

行政法

行政法の　論文答案の　書き方が　知りたい。
　▷条文を　正確に　摘示する。
　　個別法を　暗記する。
　　誘導を　無視して　我が道を　行く。
　　資料が　多すぎるので　諦める。

1 採点方針について

重要度
★★★★★
攻略難易度
★★★☆☆

　行政法という法律はありません。それゆえ，行政法という科目は「初見の法律を読み解き，それを用いて事案を解決できるのか」が問われます。

　本質的に他の科目で求められている力と異なるわけではありません。ただし，「初見の法律」を問う部分だけが他の法律とは異なります。

　条文の仕組みを要件効果に分類して，1個1個丁寧に検討していくといった基本的所作に何ら違いはありません。そういった事項も含めて採点実感には様々な有益な指摘が転がっていますので精査していきましょう！

▼石橋MEMO▼

●平成20年採点実感

　救済手段の選択については，**評論家風な解答ではなく，「自己の見解」が示されているか否か**を採点に当たって重視することとした。…答案の構成が優れていたり，**文章表現が優れ論理性の高い答案**など，特に優れている答案には，とりわけ高い評価を与えることとした。…**条文の引用が正確にされているか否かも**採点に当たって**考慮することとした。

> 条文中心主義ですね!!

●平成21年採点実感

　Ｆらに原告適格が認められるか，個別の違法事由の主張が認められるかといった個々の結論よりも，**結論に至る過程でどれだけ説得力のある論述をしているかを重要視した。**したがって，結論それ自体の記載では解答したことにはならず，結論に至る思考過程を説得的に論証することが求められる。…建築確認の根拠法令である建築基準法及び関連条例の抜粋から，その目的と各種規制の内容を理解し，根拠法令が建築確認を通してどのような利益を保護しようとしているのかをよく考え，趣旨に基づいた論述をした答案が高く評価された。…**基本的理解が現れている答案が高い評価を受けた**一方で，一知半解の知識のみに基づいて書いた答案は低い評価に止まった。…**条文を条・項・号まで的確に挙げているか，すなわち法文を踏まえているか否かも，**評価に当たって考慮した。

> 理由が大事！

> 条文の正確な指摘が点になる!!

●平成22年採点実感

　採点に当たり重視していることは，**法的な論述に慣れ，分かりやすく，かつ，受験生の思考の跡を採点者が追うことができるような文章を書いているか，という点である。**決して知識の量に重点を置いているわけではない。

〈今後の法科大学院教育に求めるもの〉

　法律実務家に求められる基本的素養を涵養するという原点に立ち返りつつ，初見の法令に関しても，その趣旨，目的，条文構造等を分析・検討し，説得力のある結論を導くといった訓練が行われることを期待したい。

> 読まれるイシキ！
> 伝えるイシキ！

●平成24年採点実感

　ほぼすべての答案において，基本的事項については知識として定着していることがうかがわれ，法科大学院教育の成果を認めることができた。しかしながら，各問において単に条文を羅列するだけであったり，逆に，**条文を離れて抽象論を展開する答案**が数多く見られた。実務家に求められるのは，**法律解釈による規範の定立**と，**丁寧な事実の拾い出しによる当てはめ**であり，こうした地に足のついた議論が展開できる法曹を育てることを求めたい。

> そんなの素人だよ

●平成25年採点実感

　問題文から離れた一般論・抽象論の展開に終始している答案が相変わらず多く見られた。設問と関係なく知識を披瀝しただけの答案には決して高い評価が与えられないことを改めて認識すべきである。

●平成28年採点実感

　問題文及び会議録には，どのような視点で書くべきかが具体的に掲げられているにもかかわらず，**問題文等の指示に従わない答案**が相当数あった。…法律解釈による規範の定立と問題文等からの丁寧な事実の拾い出しによる当てはめを行うという基本ができていない答案が少なからず見られた。…問題文等から離れて一般論（裁量に関する一般論等）について相当の分量の論述をしている答案が少なからず見られた。問題文等と有機的に関連した記載でなければ無益な記載であり，問題文等に即した応用能力がないことを露呈することになるので，注意しておきたい。

> これは out！

●令和2年採点実感

　少なくとも主要な判例について，その内容を正確に理解することは行政法の学習においては重要であり，基本的な学習が不十分ではないかと考えられる。判例学習に際して，当該事案に係る都市計画法，土地収用法といった重要な個別法律の仕組みを理解することが，行政法を学ぶ上での判例学習の意義といえる。しかも，行政計画における処分性の論点は有名論点であり，問題となる行政計画の性質など事案に応じて判決の結論も異なるのであるから，判例の学習においては，問題となっている事実関係やその背後にある制度の概要や判決の射程にも気を配りたいところである。…本問では複雑な法令の適用関係を読み解くことが求められている。そして一般的にこの種の設問では，**資料として示された関係法令の条文に事案を当てはめた「解釈」を，論理的な筋道を立てて，丁寧に展開する**ことが求められる。農用地区域については，農振法，農振法施行令，農振法施行規則といった法令が複層的に存在していることから，やや複雑な法令の構造を把握し，的確に条文への当てはめをすることが必要であったが，的確に条文を当てはめることができている答案は

> 大事！

少数であり，当てはめが混乱したり，不十分にとどまったりしたものが
大半であった。

●令和3年採点実感

　採点に当たり重視していることは，例年と同じく，**問題文及び会議録
中の指示に従って基本的な事実関係や関係法令の趣旨・構造を正確に分
析・検討し，問いに対して的確に答えることができているか**，基本的な
判例や概念等の正確な理解に基づいて，相応の言及をすることのできる
応用能力を有しているか，事案を解決するに当たっての論理的な思考過
程を，端的に分かりやすく整理・構成し，本件の具体的事情を踏まえた
多面的で説得力のある法律論を展開することができているか，という点
である。決して知識の量に重点を置くものではない。

> この採点
> 実感…
> 濃厚やで…
> 大事!!

●条文の重要性

　行政法の採点においては**とにかく「条文」を重視**していることが採点実感
からわかります。

　では，「条文」を重視するとはどういうことなのでしょうか。

　これは全科目共通ですが，**条文を正確に摘示する**ことが求められています。

　平成21年の採点実感に書かれているように，**条，項，号，前段後段，前半
後半，本文但書といった構造を正確に示す**ということです。

　これは何か特殊な能力が必要なのではなく，**普段から六法を開いて色々な
法律の条文を正確に読んで答案に反映させる癖がついているのであれば
当たり前にできる**はずです。

　(!) そうであるにもかかわらず，このような採点実感が存在するということは，多
　　くの受験生ができていないということになります。

　私が個別指導をしていても，条文を正確に引用しない受験生を多く目にしま
す。都度，「条文は正確に引用するように」という指導します。この本を読ん
でいる受験生は必ず実践して周りに差をつけていきましょう。

　そもそも，条文を正確に示すという「結果」だけでなく，条文を正確に示そ
うとする「過程」にも意味があります。

　試験では，最終的に答案に正確に示されていたか否かのみが重要ですが，条
文を正確に示すためには，条文を精読しなければならず，その過程で普段見落
としていた要件効果に出くわしたり，条文の構造に疑問を抱いて調べたり，要

件効果の意味がわからなくて調べたり，といった様々な過程を経ることになります。そうすると，結果的に条文中心の学習になりますし，そういう過程を経て実力が付きます。条文を正確に引用するように努めましょう。

●思考過程を読み手に伝える

次に，受験生が考えた思考過程を読み手に伝わるように起案することが求められます。三段論法を守ることを中心に，「条文から始まり条文で終わることを徹底しなさい」ということですが，多くの受験生はこれが上手くできません。

その理由は，行政法では本番で初めて見る個別法をその場で仕組みを読み解き，読み解いた結果を答案に示していくことになります。そのため，普段から法の仕組みを読み解く訓練をしていないと，個別法の仕組みをそもそも正確に読み解くことができず，答案にそのプロセスを反映できないからです。

普段から**法を読み解く訓練**や読み解いた結果を**三段論法で示す訓練**をしていないのに，本番ですることは不可能です。

行政法は，初見の法律の構造を試験現場で読み解いて把握することにその難しさがあります。普段から読み解く訓練をしていれば，実は覚えることが少ないコスパのよい科目です。普段から論証の暗記に終始するなどもってのほかです。個別法を読み解き，かつ，それを三段論法で示す訓練を怠らないようにしましょう。

●資料の活用

また，行政法でも，司法試験においては，誘導として会議録が資料として添付されます。ここで重要なのが，**誘導は採点項目で，誘導通りに起案すればいい**のであって，逆に誘導にかかわれていない事項を書いても点数になりません。それどころか，場合によっては有害的記載事項と判断されるおそれがあります。書いてほしいことを明示するために誘導が存在するのです。

逆に言うと，誘導外の事項について書いても知識のひけらかしにあたるだけであって，そのような論述を求めているわけではないという趣旨の記載が散見されます。つまり，司法試験では誘導記載外の事項については論述不要という立場です。あくまで誘導に乗ることだけを考えましょう。

(!) 書けることと書くべきことは違います。

2 設問の種類，特徴について

重要度
★★★☆☆
攻略難易度
★★★☆☆

行政法でも，当然問いに答えることが重要です。設問を見ていると，特定の立場からの論述について反論を踏まえつつ起案させる問題が多いです。

問題文を読む際には「誰の主張を起案することを求めているのか」ということに着目し，ケアレスミスを防ぎましょう！

▼石橋MEMO▼

●平成25年採点実感

適法とする法律論と違法とする法律論を単に併記しただけで，自身の見解を説得的に論述していない答案が非常に多く，**問題文をよく読んでいないという印象を受けた。**…全体として，「本件認可は適法か」と問われているにもかかわらず，単に「適法とする法律論」と「違法とする法律論」を併記しただけで，自らの見解を示さない答案がかなり多く見られた。他方，適法・違法の両論に目配りしながら論ずることが求められているのに，自説の展開だけにとどまって，反対説についてはほとんど考慮していない答案も相当数見られた。

見るんじゃない！
読むんや‼
精読や‼

■ 実際の問題

本件認可は適法か。関係する法令の規定を挙げながら，適法とする法律論及び違法とする法律論として考えられるものを示して答えなさい。

●行政法の出題形式

当然ですが，上記の設問以外にも多様な問いが行政法の問題では出題されます。例えば，以下があります。

> 原告適格，処分性，訴えの利益，訴訟要件全般，仮の救済手段，申立て要件，複数の訴訟類型のメリットとデメリットの比較検討，違法事由（手続違法，実体違法）
>
> 等々

このように問いが多様であるがゆえに全パターンを網羅することはできません。重要なのは，**正確に問いを読解**することです。

●問いの読解

平成25年の問いを読んで「適法とする法律論」と「違法とする法律論」しか書かなくてよいと判断した受験生は，正確に問いを読解することができていません。

問いの本質は「本件認可は適法か。」であり，問いの最後の「答えなさい」というのは「本件認可は適法か」を「答えなさい」と読むべきだからです。

したがって，以下のように分解する必要があります。

「適法とする法律論及び違法とする法律論として考えられるものを示し」た上で「本件認可は適法か」を「答えなさい」。

その際，「関係する法令の規定を挙げ」なさい。

そして，答案には「適法とする法律論」，「違法とする法律論」，「私見」の3つを書く必要があります。

(!) このように，問いを正確に読解することからすべては始まります。この「正確に問いを読解する」作業を怠らないようにしましょう。

③ 行政法事例分析の視点

　行政法の問題文の特徴は，見たことのない法令が添付されているという点です。

　予備試験であればまだ短めですが，司法試験の場合，ものによっては数ページにもわたる長さの法令が添付されていたりします。さらに，複数個の法令や基準，定款が記載されていて複雑さを増していたりする年度もあります。

　このように，行政法の事例問題はその量が多いです。問題文を漫然と読んでいるとタイムマネジメントに失敗し，途中答案になってしまいます。皆さんも過去問の分析や問題集を通じた演習を重ねる過程で，分析の視点を養いましょう！

▼石橋MEMO▼

●平成20年採点実感

　法令の条文を適切に理解して当てはめることができず，論点を見つけると憲法や行政手続法（条例）を安易に援用して論ずる例が目立った。**論点主義ではなく，基本的な法制度の仕組みを条文と照らし合わせながら理解する地道な学習が求められる。**

●平成29年採点実感

　法科大学院には，単に条文上の要件・効果といった要素の抽出，法的概念の定義や最高裁判例の判断基準の記憶だけに終始することなく，様々な視点からこれらの要素を分析し，類型化するなどの訓練を通じて，試験などによって与えられた命題に対し，適切な見解を導き出すことができる能力を習得させるという教育にも，より一層力を注いでもらいたい。**本年も，論点単位で覚えてきた論証を吐き出すだけで具体的な事案に即した論述が十分でない答案，条文等を羅列するのみで論理的思考過程を示すことなく結論を導く答案のほか，提示した一般的な規範とは全く別個の根拠で結論を出している答案すら散見されたところであり，こ**れでは一般的な規範が何のために記載されているのか，そもそもその内容を正確に理解しているのかについて疑念を抱かざるを得ない。法律実務家を志す以上，**論述のスタートは飽くまで条文であり，そこから法律解釈をして規範を定立し，具体的事実を当てはめるというプロセスが基本であるが，そのような基本さえできていない答案が少なからず見られ**た。上記のような論理的な思考過程の訓練の積み重ねを，法律実務家となるための能力養成として法科大学院に期待したい。…法律実務家は，裁判官，検察官，弁護士のいずれにせよ，**自己の見解とは異なる立**

超大事!!
三段論法!

場に立っても柔軟にその立場に即した法的検討，論述を展開し得る能力を身に付けることが期待されているものである。問題文に，Ｘらの依頼を受けた弁護士の立場で解答することを求める指示があるにもかかわらず，Ｘらの主張は認められないとの結論を導く答案や，Ｙ側の主張を十分に理解した上でこれに法的評価を加えようという姿勢が見られない答案，ほとんど説得力を感じさせない主張の展開を試みる答案などが少なからず見られたのは，法科大学院教育又は学生の学習態度が，前記のような条文解釈に関する学説・判例の暗記に終始してしまっているところに一因があるのではないかとの懸念を生じさせるものである。

●事例分析

行政法の事例分析では条文が重要です。これは反復して指摘されていることです。

では，具体的にはどのように条文を使って事例分析をするのでしょうか。

まず，行政法の問題は，国家の何らかの行為によって私人が不利益を被っている（あるいは被った，被りそうな）場合，あるいは利益を得ている（あるいは利益を得た，得そうな）場合に，その行為の名宛人あるいは第三者が行政事件訴訟法に記載されている訴訟類型を用いて紛争を解決していく場面を主に想定する問題が出題されます。

したがって，事例分析の前提として，**行政事件訴訟法に規定されている各訴訟類型が具体的にどのような事例で用いるものなのかを把握しておく必要があります。**

(!) 取消訴訟や差し止め訴訟といった名称を知っているだけでは意味がなく，それらが用いられる場面の違いを事前に整理しておかなければなりません。

●資料の読み方

行政法が苦手な受験生から「添付されている個別法の読み方がわからない。」という相談が多くあります。これは，個別法の量が多いことに起因するのでしょう。

一つのみならず複数の法令が記載されていることはざらにあります。さらに，法令のみならず規則，要項，基準等々様々な資料が添付されます。それゆえ，その量の多さに圧倒されます。

そのような資料をどのような視点で読み解けばいいのでしょうか。

そもそも「違法」とは「法律に違反」することを指します。そして，法律による行政の原理の下では法律に違反したら国家の行為は違法になるわけです。

ですから，**まずもって見るべきは国家の行為の根拠規定**です。

国家の行為の根拠規定を見つけたら，あとはいつも通り要件効果に分解します。要件が規則等に委任していたら委任先に目を移して委任先の条文も要件効果に分解します。この作業をひたすら繰り返すことで仕組みを把握していきます。

そして，この作業内で触れた条文及びその要件効果は，ほぼ必ず答案で言及することになります。そして，この部分が法律構成のコアです。

その上で，委任を受けていない基準等が出てきたら行政立法論で学んだ知識をもとに裁量基準なのか否か等の法的性格の判定を行います。

また，誘導で触れて欲しそうな条文があれば，それは別途探して発見します。そして，その要件効果を分解し，把握するという作業を繰り返します。

添付された膨大な資料をただやみくもに1条から最後まで目を通せばいいわけではありません。**国家行為の根拠規定からスタートするという解釈の視点**をもって個別法の仕組み解釈にあたりましょう。

(!) この訓練を繰り返せば，未知の法令を読み解く作業も苦ではなくなります。ぜひ，お試しください。

4 書き方，考え方

重要度
★★★★★
攻略難易度
★★★☆☆

「そんなの当たり前だろ」と突っ込まれるかもしれませんが，行政法の書き方，考え方で最も大事なのは王道の「三段論法」です。

行政法の場合，初見の法律を相手にするからか，三段論法が疎かになっている答案が他の科目以上に多いです。

相対評価のもと，基本に忠実なだけで差が付きます。「三段論法」こそが最大の武器です！

●平成21年採点実感

接道義務違反，距離制限違反について多くの答案は言及していたが，**法律条文の趣旨を踏まえて，その解釈を示し，具体的な事実関係を当てはめて結論を出すという**，法的三段論法に沿った論述は少なかった。答案の中には，法律の条文のみを引用して，直ちに結論を示すものが見られ，法律解釈の基本が理解できていない。例えば，児童室が「児童公園，…これらに類するもの」（B県建築安全条例第27条第4号）に該当するかについて，条文の趣旨解釈から説明しているものは少なく，条文を解釈するという姿勢に欠けている。本件児童室は児童が利用しやすい施設だから児童公園に類するなど，法文に続けて，単純に事実関係を論じるだけで，法令への当てはめの議論になっていない答案，当てはめが見られない答案が少なくない。

▼石橋MEMO▼

結局，趣旨やで…

●平成25年採点実感

本件認可の根拠規定に触れることもなく，いきなり裁量論を展開する答案や，関係法令の規定を挙げることなく，本件組合の施行する土地区画整理事業の破綻の有無や賦課金の算定方法の平等原則違反の有無のみを論じているなど，条文解釈の姿勢が乏しい答案が散見された。

条文から離れたらあかん…

●令和3年採点実感

当然のことながら，**法解釈論の基本は，法令の条文を正しく解釈し，事実に当てはめることである。** 行政法の様々な一般理論や定式も，個別の法令を解釈適用するための道具である。個別の法令の条文をきちんと提示することなく，一般論に終始する答案が少なくないが，高い評価は望めないこととなる。

「with 条文」やで…

●行政法と三段論法

　合格するためには「三段論法をとにかく徹底しよう！」結局これに尽きます。私が受験生のころ，最終的に司法試験に一桁で合格した友人と自主ゼミを組んでいたのですが，その友人から「行政法はとにかく三段論法を守れ！　この科目はそれだけではねる！　採点実感にそう書いてあるんやから間違いない！三段論法や！」と口酸っぱく言われました。講師の今も，本当に彼の言う通りだと思います。

　行政法は他の科目と異なり初見の法律をその場で読み解くという作業を制限時間内に正確かつ大量に行わなければなりません。多くの受験生が，よくわかっていない状態で答案を書き始めてしまい，結果的に規範と当てはめが混在していたり，結論だけの明示になってしまって三段論法が崩れてしまっていたりします。

　三段論法は**法律家の命ともいえるフレーム**です。そこに配点が多いのは至極当然です。

　個別法の条文を見つけ，その条文を正確に示します。そして要件効果を分析し，要件解釈ならその条文の趣旨から解釈して規範を定立します。

　他方，裁量の問題なら裁量を認定して規範を定立します。そして事実を抽出して評価することを当てはめの段階で行って結論を出します。

　この繰り返しを徹底していただければと思います。

第5章

民 法

民法の 論文答案の 書き方が 知りたい。
　▷問い に 答えるように する。
　　論点で 勝負する。
　　諦めたら そこで 試合終了。
　　難しいので 諦めて バスケ をする。

1 採点方針について

　　民法の採点方針で知っておくべき大きな特徴は「特定の設問でミスっても「光る」部分が他の設問で見られれば救済してくれる可能性がある」という点です。詳しくは採点実感を読めばわかりますが，要は「最後まで諦めるな」というスタンスです。

　　スラムダンクの安西先生が中学時代のミッチーに「最後まで…希望を捨てちゃいかん。あきらめたら，そこで試合終了だよ」と言っていましたが，まさに民法の試験委員は安西先生マインドです！

●平成29年出題趣旨

　　以上のとおり，本問においては，下線部①及び②が有する法律上の意義について種々の考え方ないし立場があり得るところであり，Ａによる解除の可否の判断も異なり得る。それらの考え方ないし立場のうちいずれを採るか，あるいは解除の可否につきいずれと考えるかそれ自体によって，評価の上で優劣がつけられることはない。評価に際しては，どの考え方ないし立場を採る場合であっても，あるいは解除の可否につきいずれの結論とする場合であっても，その理由が説得的に述べられているかどうか，その考え方ないし立場から本問の事実を踏まえて論理的にも実質的にも適切な結論が導かれているかどうかが重視される。

●令和3年採点実感

　　採点は，従来と同様，受験者の能力を多面的に測ることを目標とした。具体的には，民法上の問題についての基礎的な理解を確認し，その応用を的確に行うことができるかどうかを問うこととし，当事者間の利害関係を法的な観点から分析し構成する能力，様々な法的主張の意義及び法律問題相互の関係を正確に理解し，それに即して論旨を展開する能力などを試そうとするものである。その際，単に知識を確認するにとどまらず，掘り下げた考察をしてそれを明確に表現する能力，論理的に一貫した考察を行う能力，及び具体的事実を注意深く分析し，法的な観点から適切に評価する能力を確かめることとした。これらを実現するために，一つの設問に複数の採点項目を設け，採点項目ごとに，必要な考察が行われているかどうか，その考察がどの程度適切なものかに応じて点を与えることとしたことも，従来と異ならない。さらに，複数の論点に表面的に言及する答案よりも，特に深い考察が求められている問題点について緻密な検討をし，それらの問題点の相互関係に意を払う答案が，優れた法的思考能力を示していると考えられることが多い。そのため，採点項目ごとの評価に加えて，答案を全体として評価し，論述の緻密さの程

▼石橋MEMO▼

複数の筋があるのが難しい所…

これ！民法特有!!

度や構成の適切さの程度に応じても点を与えることとした。これらにより，ある設問について法的思考能力の高さが示されている答案には，別の設問について必要な検討の一部がなく，そのことにより知識や理解が一部不足することがうかがわれるときでも，そのことから直ちに答案の全体が低い評価を受けることにならないようにした。また，反対に，論理的に矛盾する論述や構成をするなど，法的思考能力に問題があることがうかがわれる答案は，低く評価することとした。また，全体として適切な得点分布が実現されるよう努めた。以上の点も，従来と同様である。

●民法の採点法

示した結論より，示した理由や論述過程に重点を置いて採点するのは全科目共通です。それに対し民法の採点方式で最も注目すべきなのが，設問ごとの配点の合計だけではなく，**全体的に見て光る部分がある答案については設問ごとの配点にプラスして点数調整がなされている可能性**があるというところです。

数字を用いて説明すると，設問1が40点満点，設問2が60点満点だとして，各設問の点数が設問1は30点，設問2が20点だとします。この場合，設問ごとの点数を足すと50点ですので，その受験生の点数は50点ということになりそうですが，設問1の答案に光るものがあり，それが試験委員の目に留まった場合，55点になる可能性があるということです。

この採点実感の指摘は昔からなされています。私は個別指導で必ず「1個の設問ができなくてもあきらめるな。他の設問で自分の知識や理解で解くことができそうなものがあるならその設問を徹底的に基礎から丁寧に起案しろ。そうすれば民法の場合はその設問における論述を高く買ってくれて点数が思ったよりも伸びる可能性がある。最後まであきらめないことが大事。」と話しています。

この指摘は司法試験における採点実感でなされていますが，予備試験においても，わざわざ採点方式を変更する合理的理由がないことからすれば，採用されている可能性があります。

(!) いずれにしても「民法は最後まであきらめるな」ということだけは把握しておきましょう。

2 設問の種類，特徴について

重要度
★★★☆☆
攻略難易度
★☆☆☆☆

　　民法は刑法ほどではありませんが，ある程度設問の形が定型的な問題が多いです。普段の思考プロセスがそのまま本試験に活きる（アジャストする必要がないということ）科目です。

▼石橋MEMO▼

●平成26年出題趣旨

　本問では，Cは，Aに対して，賃料の不払を理由としてAとの賃貸借契約を解除する旨の意思表示をしている。したがって，まず，この解除は，民法第541条に基づき，Aの債務不履行を理由とするものであることが指摘されなければならない。この解除についてはその他の要件も必要となるが，**必ずしもその網羅的な指摘及び検討を求めるものではない**。

問いに答えよう！
ただそれだけ！
されど，それだけ！

●平成30年採点実感

　設問3は，親族法・相続法の分野からの出題であったが，択一式試験においても多く出題がされている分野に関する知識を問うものであったから，受験生には一定の知識が備わっているものと思われるところである。ところが「遺産分割」，「遺産分割方法の指定」，「相続分の指定」，「廃除」といった基本的な概念についての理解が極めて不正確な答案が少なからず見られた。確かに「遺産分割方法の指定」や「相続分の指定」の意義を正確に理解することは簡単ではないかもしれないが，遺言において遺産中の財産の帰属先を指定することを「遺産分割」と誤解するものや「廃除」がされたと認定しながらもHについて債務の相続承継を論ずるものなども少なからずあり，**予想以上に基本的な概念を理解することができていないことがうかがわれた**。

家族法から，
逃げちゃ駄目だ
逃げちゃ駄目だ
逃げちゃ駄目だ

●民法で大事なこと

　民法の問題文は，「AB間の法律関係を答えよ」，「Aの請求は認められるか」「Aの反論は認められるか」，「下線部の事実が持つ法律上の意義を答えよ」にほとんど収斂されます。

　当然大事なのは**問いに答える**ことです。

　平成26年の採点実感では，「要件の網羅的検討を要求する趣旨ではない」と書かれています。これを読むと，「あれ，条文の要件はちゃんと全部検討しないといけないんじゃなかったっけ？」と思うかもしれません。

しかし，この平成26年の採点実感が指摘している設問は以下のようなもので
した。

　　AがCによる賃貸借契約の解除は認められないと主張するためには，【事実】6の
　下線を付した部分の法律上の意義をどのように説明すればよいかを検討しなさい。

　つまり，あくまで問われているのは下線を付した事実の説明であって，解除
が認められるか否かではなかったのです。**結局，「何を書くかは」問い次第**
です。

　(!) 民法の設問であってもしっかりと問いを読み解くことを忘れないようにしま
　　しょう。

　なお，下線部の法律上の意義を答えさせる問題に関しては，多くの場合**下
線部の事実が要件事実的に何らかの意味を持つか**を聞いています。
　「請求原因を基礎づけるか」「否認の理由を基礎づけるか」「抗弁を基礎づけ
るか」という視点で分析してください。そうすれば何らかの結論にたどり着く
ことができます。

●家族法について

　平成30年の採点実感では，短答式試験で出題されている家族法の知識に対す
る理解の欠如について指摘がなされています。
　ここで私がお伝えしたいことは，**短答式試験の勉強が論文式試験対策に
なる**ということです。
　例えば，憲法でいえば統治，民法でいえば家族法あたりは多くの受験生に
とって手薄になりがちな分野です。とは言え，出題されない保証はどこにも
ありません。
　もちろん，過去の出題傾向からすればその分野が論文式試験で出題される可
能性は低いのですが，可能性がないとまでは誰も断言できません。
　したがって，統治や家族法が出題されても基礎・基本で誤りのない答案を書
けるようにしておく必要があります。

他方，基礎・基本とは，法概念を正確に理解し，それを基礎づける条文の要件効果をしっかりと把握し，それらをすべて適切に検討することです。

　短答式試験の勉強を行う際に，少なくとも「法概念を正確に理解し，それを基礎づける条文の要件効果をしっかりと把握」までは行っておきましょう。細かい学説に手を伸ばす必要はありませんが，条文を使える状態にはしておいてほしいです。

　そうすれば，いざ本番で出題されても，条文で始まり条文で終わるという試験委員が求めている基礎・基本については示すことができ，結果としてはそれで対応できます。

> (!) 短答式試験対策は「法概念を正確に理解し，それを基礎づける条文の要件効果をしっかりと把握」すれば，論文式試験対策になり得ます。

■ 民法の論文式試験で出題されている親族相続法の知識一覧

死因贈与契約について遺言の撤回の規定の準用の可否	令和4年司法試験
協議離婚の無効事由	平成30年予備試験
遺留分減殺額請求権	平成24年予備試験
親権者による利益相反取引と代理権の濫用	平成28年司法試験
相続させる旨の遺言の意義	平成30年司法試験
相続開始時から遺産分割時までの間に支払われた賃料の帰属	平成20年司法試験
認知の効力	平成22年司法試験
自筆証書遺言	平成22年司法試験
割合的包括遺贈における金銭債務の承継	平成22年司法試験

③ 民法事例分析の視点

民法の答案を作成する際，ほとんどの答案が請求権（＝訴訟物）から起案します。その請求権を見つけるのに一苦労したといった経験を有する受験生は意外と多いのではないでしょうか。

実は，民法の場合，私生活上の経験も相まって想像力が働きやすいためか，なんとなく請求権や反論を導いている受験生が多いです。しかし，「なんとなく」に委ねることは偶然に左右され，非常に危険です。事例分析の思考プロセスを習得しましょう！

▼石橋MEMO▼

●平成28年採点実感

法律家になるためには，具体的な事案に対して適用されるべき法規範を見つけ出すことができなければならない。そのためには，**多数の者が登場する事例においても２人ずつの関係に分解し**，そのそれぞれについて契約関係の有無を調べることが出発点となる。契約関係があれば，広い意味の契約法（契約の無効・取消しの場合の給付不当利得なども含む）の適用が問題となり，そうでなければ，**物権的請求権や不法行為，侵害利得や事務管理の適用が問題となる。**もっとも，判例は請求権競合説を採っているので契約当事者間でも不法行為が問題となる場合はある。しかし，まずは契約関係の有無を確認するという出発点を知っているだけでも，例えば，設問２小問(3)のＬＥ間では契約法の適用が問題となり，不当利得の適用を問題とすべきではないことがわかるはずである。事案を的確に把握し，当該事案に適用されるべき法規範を見つけ出すことができれば，受験者の多くは事案の適切な処理ができる。今後は，具体的な事案に適用されるべき法規範をどのように見つけ出したらよいかについて，従前よりも意識して学習することを期待したい。

> 勉強になる!!
> 思考フローとして絶対押さえたい所!

●令和２年出題趣旨

設問１の事実関係の下では，契約不適合責任（民法第562条）が問題となるところ，**問題文において，買主Ｂが乙建物に引き続き居住すること**を前提に，代金支払額をなるべく少なくするために，契約①に基づきどのような主張をすることができるかという趣旨であることが明示されているのであるから，契約不適合責任に基づく二つの救済手段，すなわち，代金減額請求権の行使，及び追完に代わる損害賠償請求権と売買代金債権との相殺による減額の可否を検討すれば足り，居住が不可能になる解除や，契約に基づくものではない不法行為等について言及する必要はない。

> 生の主張を無視しちゃダメ!!

第5章 民法

設問１において論ずべき事項は，大別して，①契約不適合責任の有無，②代金減額請求権の発生の有無とＣへの対抗の可否，③追完に代わる損害賠償請求権と売買代金債権との相殺とＣへの対抗の可否であり，②においては，民法第468条第１項の「譲渡人に対して生じた事由」の解釈，③においては，民法第469条第２項第１号又は第２号の解釈が含まれる。全体としては，二つの救済方法として，代金減額請求権と追完に代わる損害賠償請求権について検討している答案が相対的に多数ではあったものの，各要件の検討や当てはめに関する論述の粗密や適否に差が見られ，これらが評価の分かれ目になっていたといえる。なお，問題文においては，Ｂが乙建物に住み続けることを前提とした上で，Ｃへの支払額を少なくするためのＢの契約責任に基づく主張について解答をするように求めているにもかかわらず，契約の解除，取消しといった契約関係を解消する主張や，不法行為などの契約に基づく主張ではないものを長々と論じる答案が散見されたが，当然ながら評価することはできない。これに対し，二つの救済方法がどのような関係にあるのかについてまで言及している答案も少数だがあり，このような答案は非常に高く評価された。

> 生の主張こそ
> 最大のヒント!!

●請求権の見極め

「なぜこの請求権を答案に書いた？　どういう思考過程を経てこの請求権にたどり着いた？」と受験生に質問を投げかけると，大半は「問題文全体の雰囲気からなんとなくこの請求権かなと思いました」といった曖昧な回答です。

正解筋の請求権を選択していたのであれば結果オーライなのですが，そのような偶然に依拠していたのでは，**本番で誤った請求権を選択してしまう可能性**も当然あります。

そこで，偶然を必然に変えていかなければいけません。誤りを選択する可能性を排斥する必要があります。

平成28年の採点実感にはまさにこの**「必然によって請求権を選択する」ための思考プロセス**が掲載されています。

> まず契約の有無を見る

↓

> 契約があるなら契約に関する責任を検討する

↓

> 契約がなければ物権，法定債権，
> 債権者代位権，詐害行為取消権を検討する

※ただし，請求権の競合には気をつけよう！

上記は平成28年の採点実感に少しだけアレンジを加えています。

(!) 必ず習得しておきましょう。

●当事者の生の主張

その他，民法の事例分析で重要なのが，「当事者の生の主張から考える」ことです。

(!) 生の主張の重要性を認識していない受験生が多すぎるので，再度注意喚起をしておきます。

問題文に「契約に文句はあるけどこの家には住んでいたい」というような当事者の生の主張が書かれているのに，契約の解除を選択する思考回路は理解しかねます。

おそらく，**法律を「その」事例解決のために用いるという視点**が欠けているのでしょう。

「その」事例を解決するために用いる法律を探して適用していくのがロイヤーの仕事なわけで，「その」事例というのがまさに当事者の生の主張なのですから，問題文に記載されている生の主張を実現する法律構成を行わなければならないのは当然です。

出題者は問題文に登場する人物の生の主張を問題文に記載することで我々にヒントを示してくれています。問題文に記載されている生の主張に必ず着目しましょう。

4 書き方，考え方

令和3年の採点実感には「法律効果を発生させるためには法律要件が満たされていなければならないという当然の基本的原則」と書かれています。

何度も言ってしつこいようですが，とにかく条文で始まり条文で終わります。その感覚がわからない方は平成28年予備試験民法を解いてみてください。「論点じゃなくて条文じゃん！」ということがわかると思います。

▼石橋MEMO▼

●平成24年出題趣旨

設問1は，Fが甲土地の所有権を売買契約により取得した場合と，20年の取得時効により取得した場合について，Fの主張が依拠する民法の実体法規範とそれを支える実体法の考え方を正しく理解していること，そして，この理解を各小問で問われている内容に即して規範適用の要件，要件事実及び効果へと結び付けることができているかどうかを問うものである。言い換えれば，設問1では，要件事実とその主張立証責任について平板に述べただけでは足りず，**要件事実理解の前提となる民法の実体法理論について丁寧な分析と検討**をし，これを踏まえて**要件・効果面へと展開**することが求められる。したがって，設問1は，要件事実の理解のみを問うものではなく，実体法の理解を前提とする要件事実の理解を試すものである。

> それな！
> 要件事実の
> スタートラインは
> 実体法やで!!

実際の問題（波線は筆者）

〔設問1〕【事実】1から5までを前提として，以下の(1)及び(2)に答えなさい。

(1) Fは，Aが甲土地をBとの売買契約により取得したことに依拠して，Eに対し，甲土地の所有権が自己にあることを主張したい。この主張が認められるかどうかを検討しなさい。

(2) Fが，Eに対し，甲土地の占有が20年間継続したことを理由に，同土地の所有権を時効により取得したと主張するとき，【事実】3の下線を付した事実は，この取得時効の要件を論ずる上で法律上の意義を有するか，また，法律上の意義を有すると考えられるときに，どのような法律上の意義を有するか，理由を付して解答しなさい。

●平成24年採点実感

訴訟における攻撃防御を考察する際には，**実体法と関連付けて検討**することが，極めて重要である。そもそも実体法上問題とならない事実，

> とにかく条文が
> スタートライン!!

実体法上問題となる事実ではあるが主張立証責任の観点から主張立証を求められない事実ないし否認の理由付けになるにとどまると認められる事実，そして，実体法上問題となるのみならず主張立証が正に求められる事実の区別は，実体法の正確な理解を基盤として初めて成り立つものである。自己の物の時効取得について言うならば，その適否が判例上問題とされたということ自体が，それについて実体法的な観点から考察をしておくべき必要があることを示している。日頃の学習においても，**請求原因事実や抗弁事実となるものの組合せの暗記のようなことに走る**のではなく，**それら事実を実体法と関連させながら理解する態度**が強く望まれる。

●平成30年採点実感

また，設問1について，問題文では「Ｂの本件売買契約に基づく代金支払請求は認められるか，理由を付して解答しなさい」と問われているのだから，それに向けて直截に自己の分析の結果を論述していくのが望ましいものである。ところが，ＡとＢのそれぞれの主張を前提としながら，当事者双方の主張・反論について「Ａは～と主張する。これについては …と考える。これに対し，Ｂは～と反論する。これについては …と考える」といった形式で論述を進める答案が散見された。このような答案はそれぞれの主張・反論といった形式で記載しようとするあまり，論旨の明確性を欠く嫌いがあり，中には論理的な一貫性を欠くものも見られた。「代金支払請求は認められるか，理由を付して解答しなさい」という問いに素直に答える方が望ましいものと考えられる。

> 過度な主張反論答案はたしかに読みづらいですね…

●令和3年採点実感

それぞれの根拠条文（民法第192条，第193条）から要件を抽出して適切に事案に当てはめているか，同法第192条の「占有を始めた」という要件に関する判例準則（一般外観上従来の占有状態に変更を生ずるがごとき占有を取得すること）を意識して検討を行っているかが評価の分かれ目になった。…これに対し，結論のみを述べるものや判例準則と離れて独自の基準を設けるものは低い評価にとどまった。このほか，②については，**民法第192条のその他の要件についても丁寧に当てはめている答案には高い評価が与えられた。**…第1に，特定の法律効果の発生の有無を検討することが求められているのに，その基本的な要件が満たされているかどうかを検討せず，自己が主要な論点と考える部分のみを論ずるものが散見されたことである。例えば，設問1において，指図による占有移転によって即時取得が成立し得るかについて深く論ずること自体はよいとしても，それのみを検討し，即時取得の他の要件に触れないまま，安易に請求権の発生を認める答案が散見された。**法律効果を発生させるためには法律要件が満たされていなければならないという当然の基本的原則を常に銘記する必要がある。**

> 条文→要件→要件充足性や‼

> 要チェックや‼

> 超大事すぎて泣けるで…

●要件の検討

とにかく「条文の要件を全部ちゃんと検討しなさい」というシンプルな要望が令和3年採点実感に記載されています。このいたってシンプルなことができていない受験生が多いからです。

もちろん，本試験では，タイムマネジメントの観点から全部の要件を検討することを断念することもあると思います。

ただ，全要件が検討できなかったこと＝全要件を検討する意識がなかったこととはならないのですが，少なくとも，個別指導の経験から言わせてもらえば，「平素から」条文の要件効果に対する意識が薄い受験生が多いです。

「平素から」全要件を検討しきって法律効果を発生させることを意識しましょう。普段できないことは本番でもできません。

⚠ 「全要件検討の呼吸」を習得してください！

●答案の書き方

次に，答案の書き方については，「主張→反論→再反論…」という書き方がわかりにくかったと平成30年の採点実感で指摘されています。

好みの問題ですが，主張反論型の答案を添削していて以下をよく感じます。

- 要件事実的に考えると明らかに反論や再反論にならないものを反論や再反論で書かれると「う〜ん」と思うことがある
- 主張反論型の答案は争点以外の要件の検討を落としがち
- 主語が抜け落ちて誰の主張なのかが不明確になりがち

上記のように思うことが多いので，私の個別指導では，**「設問で「反論を踏まえて」等の指定がなければ，主張反論再反論のような形ではなく，条文を示して全要件を検討することを淡々と行えばよい」**と言っています。

もちろん，うまく書けるのであれば主張反論型で統一してもいいですが，そういった答案は少ないです。無理をしなくてもよいと思います。

●要件事実の理解

最後に，要件事実の理解を問う問題です。民法では「下線部の法律上の意義を答えよ」のような問題がこれに当たります。

平成24年の出題趣旨や採点実感では，こういった問題では，**暗記した要件事実を書くことだけではなく，その大前提の実体法の理解を示すことが重要**であると指摘しています。

これは至極当然なのですが，そもそも要件事実論というのは，**①実体法上の要件を，②判例法理や推定規定等から，③訴訟における攻撃防御に分類する**ためのツールです。

その理解を問う場合，①②③すべてを問うていると考えるべきです。故に，答案も①から掘り起こさなければならないということになります。

これは民法に限った話ではなく，例えば平成26年予備試験民事実務設問2(2)にも以下のような指定がなされています。

> (2) 上記①から⑤までの各事実について，請求原因事実としてそれらの事実を主張する必要があり，かつ，これで足りると考えられる理由を，実体法の定める要件や当該要件についての主張・立証責任の所在に留意しつつ説明しなさい。

(!) これはまさに，「要件事実の問題ではあるけど実体法の条文や要件から考えてね」というメッセージと受け取れます。要件事実は暗記科目ではありません。実体法からスタートすることを意識してください。

第6章

会社法

会社法の 論文答案の 書き方が 知りたい。
　▷条文に くらいつく。
　　論点に くらいつく。
　　論証中心に 攻める。
　　とりあえず 会社に行って 仕事する。

1 採点方針について

　会社法の採点実感には民法のように「光った部分が見えれば救済する」といった記載はありません。だだ，それ以外の採点方針に大きな違いはないでしょう。結局条文が軸ということも変わりはありません。

　ただ，会社法の場合は各制度の実務上の使われ方まで知っておくと事案分析及び採点上も有用と思われる出題がなされます。

　机の上での理解のみならず，例えば実際の株主総会の運営といった点についてまで学習しておくと，司法試験対策として有用ですよ！

●令和元年採点実感

　他方で，乙社が，甲社の臨時株主総会を自ら招集するための法定の要件や，甲社の定時株主総会の開催に当たり議題提案権及び議案要領通知請求権を行使するための**法定の要件を条文から十分に拾い上げることができていない答案**や，設問1においては，比較検討が求められているにもかかわらず，**比較検討に当たるような論述を全くしていない答案**も見られた。また，議題提案権，株主総会における議案提案権（同法第304条）及び議案要領通知請求権を区別して理解することができていない答案や，甲社の定時株主総会の議決権の基準日（甲社定款第13条。会社法第124条）の意義を誤解している答案も見られた。設問1に限らず，**確認する機会が多くない条文であっても，条文を参照しながら，規定されている要件等を正確に理解し，拾い上げ，事案に即して，問いに的確に答えることができること，基準日や株主提案権など，会社法上の基本的かつ重要な条文又は制度については，実務上，具体的にどのように用いられているのかも理解していることが必要であろう。**

●令和3年採点実感

　民事系科目第2問は，商法分野からの出題である。これは，事実関係を読み，分析し，会社法上の論点を的確に抽出して各設問に答えるという過程を通じ，事例解析能力，論理的思考，会社法に関する基本的な理解並びに法令の解釈及び適用の能力等を確認するものであり，従来と同様である。その際に，論点について，**過不足なく記述がある答案**や，記述に多少の不足があっても，総じて**記述が論理的である答案**，制度の**趣旨等に照らして条文を解釈している答案**，事実に即して**具体的な検討**がされている答案には，一定の高い評価を与えた。これらも，従来と同様である。

▼石橋MEMO▼

出ました。
やっぱ
「条文」よ!!

Yes!!
条文中心!
out!!
楽天論パマン!!

ナイス！爆裂!!

●令和４年会社法採点実感

　他方で，高い評価を得ることができなかった答案に共通する傾向として，設問の指示を十分に読み，問いに答えるという姿勢に欠けていたところがあったように思われる。例えば，会社法上の損害賠償責任が問われているのに，民法上の損害賠償責任を検討する答案があったが，このような答案が評価されないのはいうまでもない…DやJの立場からの主張が求められているのであるから，DやJから委任を受けた弁護士になったつもりで検討してもらいたいが，多くの答案が，裁判官的な立場から当否のみを検討していたように思われる（設問の内容にかかわらず，答案では，こうした立場で法の解釈適用について一つの見解を示せばよいというイメージを持つ者も少なからずいるように見受けられる。）。設問の指示に従って論じていれば，まずは，当事者の立場から考えられる主張を検討し，当否の検討において，そのような主張がどの程度認められるのかという検討をすることとなり，その結果，より多角的な観点からの分析がされ，論述に厚みが増し，高い評価が得られたように思われる。…特定の用語や手続などに対応して定型的な文章を並べるという姿勢は避けて，設問をよく読み，問われたことに端的に答えるように心掛けてほしい。

問いに全集中‼

●会社法の採点方針

　会社法であっても採点方針は他の科目と同じです。とにかく**「条文の要件を全部検討しきること」「解釈が必要な要件はその条文の趣旨から解釈すること」「問いに答えること」**に重きを置いていることが採点実感を読んでいてわかります。

　会社法の条文はやたらと長く，項や号が多く，そもそもどこにどのような条文があるかを把握しづらいです。

　そうであるが故に，**普段から条文に慣れ親しんでいるか**（＝普段から条文を引きながら勉強しているか）**が強く答案に反映**されます。試験委員はそこをシビアに見ているのでしょう。

　過去問を見ていても，例えば会社法423条，429条等の条文の要件を検討するだけで答案の７割が完成するような問題が出題されることは非常に多いです。読みづらく把握しづらい会社法の条文だからこそ平素から要件効果に分け，一つ一つの意義を正確に押さえ，把握する作業を心掛けましょう。

●会社法で問われる「手段」

　また，会社法の出題形式の一つに「～したい場合に採れる手段を示して検討しなさい」という手段を問う問題があります。

　例えば，以下のような出題です。

> 【平成29年予備試験設問1】
> X社がA社に対してX社の募集株式1万株を発行するに当たって，上記3のA社のX社に対する5億円の金銭債権を利用するには，どのような方法が考えられるか，論じなさい。なお，これを論ずるに当たっては，その方法を採る場合に会社法上必要となる手続についても，言及しなさい。

> 【令和元年司法試験設問1】
> 〔設問1〕　乙社は，平成30年1月，甲社の株主として，株主総会において，株主総会の権限に属する一定の事項を提案することを検討していた。上記1から4までを前提として，乙社が，そのために採ることができる会社法上の手段について，甲社の臨時株主総会を自ら招集する場合と平成30年6月の甲社の定時株主総会の開催に当たり株主提案権を行使する場合のそれぞれの手続を説明し，比較検討した上で，論じなさい。ただし，社債，株式等の振替に関する法律上の手続については，説明しなくてよい。

　このような出題が見られる以上，**平素から「株主，会社，第三者が～をするためにどのような手段を有しているのか」という視点で知識を整理しておく**ことが必要です。

　例えば，場面を限定しませんが，株主が採ることができる手段としては210条，247条，358条，360条…といったものであったり，株主が役員を解任する場面で採れる手段としては，株主提案権と解任の訴えといったものがあります。

(!)　予備試験の刑事実務科目で弁護人が交流に対して採れる手段を整理するのと同じような感覚です。

　とにかく，訴訟当事者が採ることができる手段を問う問題が出ています。

「誰が」「どのような場面で」「どのような手段を」採ることができるのかについて知識を整理しておきましょう。

■ 事前の手段と事後の手段リスト

※すべてを網羅しているわけではありません。また，例えば831条を事前に振り分けていますが，これは差し止め請求とセットになる場面があるからであって，決議の効力を争うだけで足りる事例では事後に位置付けられると思いますので，あくまで便宜上事前に配置したにすぎません。このリスト以外にも皆さんのお持ちの問題集で事前事後の手段を問う問題が存在すると思いますので，どんどん肉付けしていって自分だけの事前事後表を作成していただければと思います。

> **事前（差止めは仮処分（民事保全法 23 条 2 項）を忘れずに）**
>
> 210，247，358，360，381 ②，385，433，469，784 の 2，785，796 の 2，797，805 の 2，806，816 の 5，831

> **事後**
>
> 52，52 の 2，53，103，212，213，213 の 2，213 の 3，423，429，462，463，464，465，828，829，830，847，854

2 設問の種類，特徴について

会社法の問いは多種多様です。

問われている内容に年度によって変化はあまり見られません。それゆえ，「問いに答える姿勢」を徹底していれば，問いの種類でダメージを受けることはないでしょう。

●平成28年採点実感

▼石橋MEMO▼

設問1(1)は，会社法上の公開会社でない取締役会設置会社において，取締役会の開催に当たり，当該取締役会において解職決議がされた代表取締役に対する招集通知を欠いた場合における当該取締役会の決議の効力について，問うものである。まず，取締役会の招集に関して，**招集権者**については，取締役会を招集する取締役を定款又は取締役会で定めていなければ，**各取締役が取締役会の招集権を有すること**（会社法第366条第1項），招集手続については，取締役会を招集する者は，原則として，**取締役会の日の1週間前までに，各取締役及び各監査役に対し，招集通知を発しなければならないこと**（会社法第368条第1項）を，それぞれ指摘することが求められる。また，取締役会については，取締役会の目的である事項（議題等）を特定する必要がないことも指摘し，論述することが求められる。しかし，これらを正確に指摘等することができていない答案が少なからず見られた。

自分の受験時の採点実感だけどこれ，書けなかったな〜(笑)

●会社法の設問の特徴

　採点実感を一読しただけでは「ん？　どこが会社法の設問の特徴を示しているの？」という疑問を持つかもしれません。

　この採点実感をこの項目で私がセレクトした理由は，**問題文の作り**（＝事実の量）**が，出題者が問いたいことのすべてである**ということを示したいからです。

　平成28年の問題は取締役会決議の効力を問う問題でしたが，通常決議の効力を問う問題では無効となりそうな（＝瑕疵がありそうな）部分だけ論じればいいような問題が多い中で，この年度の問題文ではわざわざ招集通知を発した月日などが記載されていました。つまり，当然に適法となる点まで条文を指摘することが求められていたわけです。

　「何を答えるのか」は，設問との関係で定まります。それに加えて，「問題文の事実の量を鑑みて書いてほしそうなこと」は書かなければならない（＝書くことを求めている）ということです。そういった出題が会社法ではなされます。

　また，会社法の問題は損害賠償請求，株主総会決議の瑕疵，取締役会決議の瑕疵等々色々と出題されていますが，大半が過去問で出題された形式を踏襲しています。

　したがって，会社法の出題のされ方に傾向の変化はそこまでなく，毎年度問いたいことは同じと言えます。

③ 会社法事例分析の視点

重要度
★★★★★
攻略難易度
★★★★☆

　　会社法の問題は，問題文中に複数の会社が登場し，その株主や役員構成，会社の規模や特徴が示されたのちに役員が何らかの行為を行い，その適法性や，それに対抗するための手段を問うという形のオーソドックスな出題となります。ですので，問題の作り自体は思いのほかシンプルであることが多いのですが，いかんせん受験生が会社関係に親しくないからか問題文を読んでいても何を行っているのかがイマイチ把握できず，問題文の具体的な事実と適用すべき条文を結びつけることが難しいという特徴があります。故に，受験生としては，普段の勉強において抽象論ばかりを押さえるのではなく，その適用場面を押さえることで会社法の問題文を読解し，事例を分析できるようになると思われます。抽象と具体の往復が肝となりますので，その視点を学習初期から持っていただきたいと思います。

●令和2年採点実感　　　　　　　　　　　　　　▼石橋MEMO▼

　　会社の行為（本問においては新株発行）の効力が問題となる場合には，そのことをどのような訴えによって争うべきかについても，適切に理解することが求められる。本件決議2に取消事由があることが本件株式発行の無効原因になるかどうかについて，非公開会社の事例であることを考慮して論ずることができている答案は，必ずしも多くなかった。**会社法上，募集株式の発行等については，非公開会社と公開会社とで，株主にどのような保護を与えるべきかが異なるという考え方の下，異なる手続規制が用意されているため，このような会社法の基本的な規律を踏まえた検討が必要である**ことに強く留意してほしい。このような観点から検討する際には，会社法上の代表的な判例（本問についていえば前掲最判平成24年4月24日等）について，その判例の事案と問題文中の事実関係の異同を適切に拾い上げ，事実関係に即して柔軟かつ適切に，その判例についての理解を応用することができるようになれば，なお望ましい。
…会社がある行為をする場合に，そのことが利害関係人（本問においては株主）にどのような影響を及ぼし得るかについては，できる限り具体的にイメージし論述することができる力を養うことが求められる。そのことは，事前の手続規制や事後的な救済手段など，会社法上の制度について深く理解するために必要なことであると考えられる。

> 非公開会社はよく出るね！

> それな

●会社法の事例問題の特徴

会社法の事例問題は，役員や会社が行った何らかの行為の適法性が問われるか，会社法上の手続の流れが問われるかに収斂します。それゆえ，会社法の事例問題を読み解くには，**登場人物が行った行為に着目することと，手続の流れを具体的にイメージすること**が必要です。

どうしても日常で接しない話が延々と問題文に現れるので，イメージがわかずに読み進めた結果，問題文中の登場人物が何を行っているのかがわからなくなりがちです。

条文や制度を学ぶ際には，普段からその条文や制度が用いられる具体的な場面を一緒にインプットしておきましょう。また，その条文や制度の趣旨を把握しておくことも，事案分析に役立ちます。具体的な事前準備が重要です。

●冒頭の条件の把握

このほか，会社法の問題文には冒頭に「**会社の株主構成，役員構成，公開の有無，資本金額に代表される会社の特徴**」**が必ず記載**されます。メモして把握しておくことも必要です。

会社の株主が複数いるときは，民法のような関係図を作成し，問題文上でストーリーが進んでも登場人物の関係性が一見して明らかになるように心掛けましょう。

(!) 事案の具体的な把握が事例解決のキーになることは往々にしてあります。多数当事者になる場合は関係図を作成しましょう。

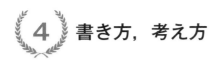

4 書き方，考え方

会社法の答案が民法と異なる特殊な答案になることはあまりありません。

民法と同じように書けるところを書くに尽きます。これは会社法が民法の特別法に位置づけられていることに由来します。

手続を問う問題のような，民法とは異なる部分だけ対策を練れば書き方については特段問題ないと思われます。ただし，会社法は１個１個の条文が長いので，条文の文言をどこまで引用するか，条文をどこまで正確かつ迅速に引用できるかは訓練しておかないと本番であたふたしかねませんから，普段から意識してインプットないしアウトプットをしておいた方がいいかもしれません。

▼石橋MEMO▼

●令和元年採点実感

解釈上問題となる条文及びその文言に言及しないで，論述をする例が見られ，条文の適用又は条文の文言の解釈を行っているという意識が低いように感じられる。

どういうこと!?

●令和３年採点実感

上記①の主張と上記②の主張のいずれについても言及している答案は多くはなく，上記①の主張については言及するものの上記②の主張については言及していない答案が多数見られた。上記②の主張に気が付かなかったことが主な原因であると考えられるが，**甲社の立場において考えられる主張が複数あるのであれば，そのすべてについて検討をすることが求められる。**実際に，乙社から本件保証契約に基づく保証債務の履行を求める訴えが提起された場合には，甲社としては，上記①主張だけではなく上記②の主張も尽くして応訴するはずであるから，そのような実務的な感覚も意識してほしいところである。

なるほど！

●条文中心主義

　採点実感では，会社法の答案も他の科目と同じように条文中心主義を貫いてくれと言っています。

　適用される条文を見つけ，そのあとは淡々と全要件を検討し，何かひっかかる要件に出合った場合に論点の知識を展開するのは同じです。

　その上で，会社法の事例問題の書き方について細かく指摘していきます。

●請求が認められるか否か

　まず，「請求が認められるか」という問題は，民法と同じように検討します。条文，要件，要件充足性の繰り返しです。

●決議の効力

　次に，「〜決議の効力を答えよ」という問題は，基本的には問題文の中から否定形で書かれている行為（ex. 招集通知を発しなかった）を抜き出し，それに関する条文を探し，条文の要件を検討していき，解釈が必要な場合にのみ解釈を展開することで足ります。

　その上で，問題文に適法性を基礎づける事実が転がっている場合には，その事実を拾って条文の要件に当てはめて適法である旨を示すことが無難です。

⚠ さらに，手続系の問いは，どう答えるか否かは問われ方次第です。問いに答える姿勢を徹底しましょう。

第7章

民事訴訟法

民事訴訟法の　論文答案の　書き方が　知りたい。
　▷自分の考えたことを　自分の言葉で　書く。
　　覚えた論証を　そのまま貼る。
　　とりあえず　魔法の言葉で　乗り切る。
　　あきらめる。

1 採点方針について

　民事訴訟法の採点実感には，毎年のように「抽象的で定型的な論述には点を与えない」「具体的に自分の言葉で事案に即した論述をしている答案に点数を与えている」という趣旨の記載があります。

　民事訴訟法の採点では，自分で考えたことを自分の言葉で表現できているのかが重視されます。

　辛口の採点実感ですが，点数アップのヒントが盛りだくさんです。しっかりと吸収しましょう！

▼石橋MEMO▼

●平成22年採点実感

　「手続保障」，「信義則」，「紛争の一回的解決」，「訴訟経済」，「不意打ち防止」などといった**抽象的な用語のみによる説明**に終始している答案が少なからず見られた。しかし，そのような論述に止まることなく，**各用語の意味内容を理解して，それを具現化している制度や条文により具体的に表現する努力が必要**である。

マジックワード「のみ」はNG！

●平成24年採点実感

　論理を積み上げて丁寧に説明しようとしないで，不意打ち防止，禁反言，相手方の信頼保護といった抽象的な用語のみから説明したり，直ちに結論を導いたりする答案が評価されないことは，従来の採点実感においても述べてきたところであり，本問を素材にして改めてそのことの意味を考えてほしい。なお，弁論主義についての一般論を長々と論ずる答案が相変わらずあるが，採点方針②で言及したように，そのような答案は，問われていることを的確に捕まえようという意識に欠けると評価され，採点者に与える印象が極めて悪いことを肝に銘じるべきである。

●平成25年採点実感

　問われていることに正面から答えていなければ，点数を付与していない。問われていることに正面から答えるためには，論点ごとにあらかじめ丸暗記した画一的な表現をそのまま答案用紙に書き出すのではなく，**設問の検討の結果をきちんと順序立てて自分の言葉で表現する姿勢が大切**であり，採点に当たっては，受験者がそのような意識を持っているかどうかにも留意している。…民事訴訟は私法上の法律関係を対象とし，私法上の法律関係は時間の経過とともに変化し，そうであるからこそ，確認訴訟においてどの時点の法律関係を対象とすべきかが論じられる。受験者には，まず，確認の対象は現在の法律関係でなければならな

厳しいがそれが現実…

いという原則をその根拠と共に論じることを期待したが、多くの答案が不十分な論述にとどまった。この点を十分論じることなく、「そもそも確認の利益とは…」といったレベルの一般論を長々と述べる答案は、設問において何が重要かの判断力を欠き、暗記したことを再現しているだけのものとして、印象がよくない。

●令和3年採点実感

　本問においては、例年と同様、受験者が、①民事訴訟の基礎的な原理、原則や概念を正しく理解し、基礎的な知識を習得しているか、②それらを前提として、設問で問われていることを的確に把握し、それに正面から答えているか、③抽象論に終始せず、設問の事案に即して具体的に掘り下げた考察をしているかといった点を評価することを狙いとしている。…答案の採点に当たっては、基本的に、上記①から③までの観点を重視するものとしている。本年においても、問題文中の登場人物の発言等において、受験者が検討し、解答すべき事項が具体的に示されている。そのため、答案の作成に当たっては、問題文において示されている検討すべき事項を適切に分析し、そこに含まれている論点を論理的に整理した上で、論述すべき順序や相互の関係も考慮することが必要である。そして、事前に準備していた論証パターンをそのまま答案用紙に書き出したり、理由を述べることなく結論のみを記載したりするのではなく、提示された問題意識や事案の具体的な内容を踏まえつつ、論理的で一貫した思考の下で端的に検討結果を表現しなければならない。採点に当たっては、受験者がこのような意識を持っているかどうかという点についても留意している。…本年の問題に対しても、多くの答案において、一応の論述がされていたが、定型的な論証パターンをそのまま書き出したと思われる答案、出題趣旨とは関係のない論述や解答に必要のない論述をする答案、事案に即した検討が不十分であり、抽象論に終始する答案なども、残念ながら散見された。また、民事訴訟の極めて基礎的な事項への理解や基礎的な条文の理解が十分な水準に至っていないと思われる答案も一定数あった。これらの結果は、受験者が民事訴訟の体系的理解と基礎的な知識の精確な取得のために体系書や条文を繰り返し精読するという地道な作業をおろそかにし、依然としていわゆる論点主義に陥っており、個別論点に対する解答の効率的な取得を重視しているのではないかとの強い懸念を生じさせる。また、法を解釈してその内容を具体化し、事実から適切なものを拾い上げて当てはめていくという法適用が軽んじられているのではないかとも懸念される。例年指摘しているように、条文の趣旨や判例、学説等の精確な理解を駆使して、日々生起する様々な事象や問題に対して、論理的に思考し、説得的な結論を提示する能力は、法律実務家に望まれるところであり、このような能力は、基本法制の体系的理解と基礎的な知識の精確な取得、論理的な思考の日々の訓練という地道な作業によってこそ涵養され得るものと思われる。本年においては、特に設問2や設問3の課題2が定型的な論証を暗記するだけでは解

> 生の主張はヒント!!

> 論点主義はモテません!!

答が難しく，上記のような法律実務家に望まれる能力こそが求められる
問題であったが，高い評価に値する答案は少なかったことに鑑みると，
上記の地道な作業が敬遠されているのではないかと危惧される。法科大
学院においては，このことが法科大学院生にも広く共有されるよう指導
いただきたい。以上は，例年指摘しているところであるが，本年も重ね
て強調したい。また，民事訴訟法の分野においては，理論と実務とは車
の両輪であり，両者の理解を共に深めることが重要である。現実の民事
訴訟の手続の在り方のイメージがないままに学習を進めることは難しい
と思われる。法科大学院においては，今後とも，より一層，理論と実務
を架橋することを意識した指導の工夫を積み重ねていただきたい。

●マジックワード

　民事訴訟法の採点実感では，「マジックワードだけ」で構成している**答案
は評価しない**としています。ここでマジックワードとは，平成22年の採点実
感にある「手続保障」「信義則」「紛争の一回的解決」「訴訟経済」「不意打ち防
止」などの便利な言葉を指します。どの予備校のテキストにも記載され，また，
どの学者の先生方の基本書や問題集にも記載されている言葉です。

　もちろん，採点実感ではそのマジックワードを「用いること」が駄目と言っ
ているのではありません。そうではなくて，「言葉の中身を事案に即して自分
の言葉で説明することなく」答案に書き写すことが駄目と言っているのです。

●採点で重視されること

　民事訴訟法の採点に当たって重視されるのは，以下につきます。

①　問いとの関係で必要十分な法律論の展開をすること
②　自分の言葉で理解が伝わるような文章で答えること

　①は，「覚えている論証パターンをどのような設問であってもそのまま張り
付ける答案はNG」ということです。
　②は，「マジックワードだけでつぎはぎしている答案はNG」ということです。
　つまり，民事訴訟法の答案はちょっと作文くらいが（＝自分の言葉で自分の
理解を説明するくらいが）ちょうどいいという意識でよいでしょう。そして，
マジックワードを使う際は，中身の説明と共に用いるようにしましょう。

② 設問の種類，特徴について

重要度
★★★☆☆
攻略難易度
★★☆☆☆

民事訴訟法の問題文は，行政法と同じように誘導が問題文に含まれているのが特徴です（予備試験の場合は毎年というわけではありませんが）。しっかりと誘導を分析せねばなりません。

▼石橋MEMO▼

●平成29年採点実感

また，設問2では，訴えの変更を始めとして，訴訟手続の進め方についての理解が不十分であると考えられる答案が多く見られた。これは，民事訴訟が手続であることを十分に理解していないことに起因すると考えられるほか，**短答式試験で問われてきた民事訴訟の幅広い分野における正確な理解を得るための学習をおろそかにしていることの影響が及んでいることが推測される。**

← お，おう…

●令和2年採点実感

本年の問題では，例年同様，具体的な事案を提示し，**登場人物の発言等において受験者が検討すべき事項を明らかにした**上で，訴えの利益，心証形成の資料，共同訴訟の類型，訴えの取下げの効果等の民事訴訟の基礎的な概念や仕組みに対する受験者の理解を問うとともに，事案への当てはめを適切に行うことができるかどうかを試している。

← 大事!!

●生の主張

採点実感を読むと，民事訴訟法も他の科目と同様，**問題文の中に当事者の生の主張や誘導という形でヒントを与えている**とわかります。受験生は必ず誘導や問題文中の生の主張に意識を向けましょう。「誘導は採点表のようなもの」という意識が重要です。

また，平成29年の採点実感にあるように，司法試験の短答式試験が平成27年に廃止されたことを受けて，それまでは短答式試験で問われていたような少し細かめな手続に関する問題が司法試験の論文式試験でも出題される傾向があります。

それこそ管轄が出されたときには「まさか司法試験の論文で出題されるとは！」と思った受験生が多かったと思います。

さらに，上に掲げた平成29年司法試験では，訴えの変更の際に請求の趣旨に

第7章
民事訴訟法

変更がなく請求原因に変更があるにすぎない場合は書面要件が不要になるといった知識が出題されました。この知識がないと途中で筆が止まってしまう問題であり，受験生泣かせではありました。

　だからといって司法試験受験生に予備試験受験生と同じように短答式試験の過去問を解きながら細かい知識対策も行いましょうとは言えません。

　少なくとも論点中心の学習を行うのではなく，基本書等に記載されている手続の流れを条文で確認しながら目で追い，**判例百選に記載されている手続面に関する判例は読んで要約して答案に反映できるようにしておく程度の準備**はしておきましょう。

> (!) その上で，余裕があれば民事訴訟法と刑事訴訟法（こちらは公判以降で大丈夫だと思います），会社法（こちらは株主総会決議，取締役会決議といった論文頻出分野に関連する問題のみでいいと思います）の短答式試験の過去問も一読しておくと対策としては万全と言えます。

③ 民事訴訟法事例分析の視点

　民事訴訟法の場合，誘導にヒントが書かれています。そのため，事案分析において何か特有のものはありません。

　実体法的な分析と訴訟手続の流れを意識して問題文を読み，あとは誘導に従い事例を解析していくことが大事です！

●平成25年採点実感　　　　　　　　　　　　　　　▼石橋MEMO▼

　試験時間の制約がある中で効率よく題意を把握するため，受験者が設問の部分から先に読むことを一概に否定はしないけれども，**登場人物の会話も問題文であり，そこには出題者の意図が込められていることを忘れないでもらいたい。**

何度も言われてるね！

●問題文の読み方

　平成25年の採点実感では，「誘導にはヒントが書かれていますので着目してください」と述べられています。

　私がここでお伝えしたいのは，民事訴訟法の問題文の読み方です。以下のような2段階の過程を踏んでほしいところです。

1段階目　民法同様誰と誰の間にどのような法律関係が生じているかを分析する
2段階目　民事訴訟法上いかなる問題が生じているのかを分析する

　まず，1段階目においては，**問題文を要件事実的に読みます。** ただ流し読みするのではなく，「訴訟物は？　請求の趣旨は？　請求原因は？　それに対する相手の認否は？　抗弁は？…」と自分に問いつつ読めば，おのずと分析は進みます。その上で，2段階目の民事訴訟法上の問題点について知識を用いながら把握していきます。このように読み進めると，要件事実を問う民事訴訟法の知識を駆使する問題について正解を導けます。何より事例を読み間違えずに済みます。

第7章
民事訴訟法

4 書き方，考え方

　民事訴訟法の答案で点数を取るコツは以下の３つに尽きます。意味がわからない受験生は，本節をよく読んでください。
① 　ちょっと作文くらいがちょうどいい
② 　定義や原理原則から論じ始めることを忘れない
③ 　×の無い答案さえ作れればよい

▼石橋MEMO▼

●平成24年採点実感

　「作成者」，「間接証拠」と「間接事実」，「認定」と「推認」等の概念について理解が怪しいと思われる答案が目立った。**専門用語については定義を踏まえた論述をすべきであり**，専門用語以外の用語についても，言葉の意味を意識し，明確かつ厳密に使用してほしい。特に類似した用語がある場合には注意してほしい。

●平成25年採点実感

　原則を最初に押さえている答案は，論述の骨格がしっかりしていたが，その数は多くはなかった。

●平成26年採点実感

　まず，和解条項第２項及び第５項について生じる既判力により本件後遺障害に基づく損害賠償請求権の主張が遮断される，という原則を指摘しない答案が相当数あった。法曹を目指す者の答案としては，このような原則を形式的に当てはめると不都合が生ずるところを，どのように解決していくかが求められているのであって，議論の展開を明確にする意味でも，論述を始めるに当たりそのような原則を指摘することは有用であろう。

いきなり例外から書く人意外と多いよ！
気をつけて！

●平成29年採点実感

　「不意打ち」，「信義則」，「蒸し返し」などの**キーワードだけを掲げて短絡的に結論を記載したりする答案**は，多く見られた。

ダメ，絶対！

●令和３年採点実感

　検討の前提として，まず，同条の趣旨，すなわち，①同条が私的自治の原則に由来する処分権主義を判決の面から規定したものであり，当事者の申立てに裁判所が拘束されるものであることや，②同条により当事者双方にとって不利益の最大限が画される結果，訴訟に伴うコストを踏まえた上で訴訟に臨むことが可能となることを指摘することが必要とな

る。同条の趣旨については，相当数の答案において言及することができ
ていたが，上記の趣旨を過不足なく論じた答案は多くはなかった。特に
①については，私的自治の原則まで遡らずに，単に「原告の意思の尊
重」とだけ述べる答案が多かったが，単に「原告の意思の尊重」と述べ
るだけでなく，私的自治の原則まで遡って論述することがより望ましい。
…訴訟承継制度の趣旨とし…「紛争解決の実効性」，「紛争の一回的な解
決」といった指摘をするだけの答案も多かった。このような答案におい
ては，マジックワードを書き出しているだけであって訴訟承継制度の趣
旨が正しく理解されていないのではないかとの懸念が残った。

趣旨が大切!!

●民事訴訟法の攻略

「民事訴訟法の本試験攻略のコツはなんですか？」と聞かれて毎回伝えるの
が，以下の3つです。

① ちょっと作文くらいがちょうどいい
② 定義や原理原則から論じ始めることを忘れない
③ ×の無い答案さえ作れればよい

これらは採点実感を分析して抽出した観点です。私が受験生の頃から，最近
に至るまで同じことが繰り返し指摘されています。合格したければ実践すべき
比較的普遍的な観点と言えるでしょう。

●ちょっと作文くらいがちょうどいい（①）

前述の通り民事訴訟法の採点実感では「マジックワードばかりの答案が多く
てうんざり」といった趣旨の指摘がなされています。

民事訴訟法の勉強をしていると，基本書や予備校の論証集には，例えば手続
保障という言葉や意思尊重という**短くて答案上の表現として使い勝手のい
い言葉（マジックワード）がずらりと並んでいるので使いたくなるので
すが，その中身を自分の言葉で具体的に示す必要があります。**

例えば，「処分権主義の趣旨は当事者の意思尊重です」と言えば，間違って
はいません。ただ，民事訴訟法のおよそすべての条文は当事者の利益を考えて
規定されています。つまり，すべての条文の趣旨が「当事者の意思尊重」であ

り，それだけ書いても，結局のところは「何も言ってないに等しい」と評価されてしまいます。

条文，制度ごとに「どういった形で」「どの当事者の意思を」「どのように尊重しているのか」は異なります。それを自分の言葉で答案に書かなければ読み手に対して自分の理解を示すことができません。

そして，自分の言葉で答案に書くためには，民事訴訟法に登場する概念について，暗記ではなく理解していることが必要です。

つまり，マジックワード云々のコメントの本質は，「暗記偏重型の勉強をやめろ」ということです。**点数を稼ぎたければ，使い勝手の良いマジックワードに頼らず，その中身を自分の言葉で具体的に示さなければなりません。**

●定義や原理原則から論じ始める（②）

民事訴訟法も，ほかの科目も同様に「法律答案を起案せよ」という出題である以上，その作法に従わなければなりません。

原理原則があるのであればそこから論じ始めなければならないという当然の話です。**普段のインプットの段階から「何が原則で何が例外なのか」を意識**していれば現場でも対応できるはずです。

●×の無い答案を作る（③）

民事訴訟法の採点実感を全体的に俯瞰してみると，実は，受験生のレベルはそう高くないと言っているのが感じ取れます。民事訴訟法は難しく，**出題趣旨にのっとった答案を書けている受験生はほとんどいないのでしょう。**

それを考えると，司法試験予備試験は相対評価なので，合格したいのであれば，「誰もが書けそうなところはしっかりと書く」「誘導に書かれている事項以外の余計な知識のひけらかしは行わず端的に問いに答える」「出題趣旨に全部乗れてはいないけれど，書いていることだけは合っている答案を目指す」に尽きます。

⚠ 私も受験生時代，それを心掛けていました。予備試験は3枚以内，司法試験は5枚以内でしたが，A評価を貰うことができていました。

第8章

刑　法

刑法の　論文答案の　書き方が　知りたい。
　▷犯罪の　体系に　沿って書く。
　　三段論法を　守ったうえで　「型破り」を　学ぶ。
　　諦めて　歌舞伎　を　見に行く。
　　「罪と罰」を　読み込む。

1 採点方針について

重要度
★★★★★
攻略難易度
★★★☆☆

　刑法の採点方針で最も重要と考えられるのは「犯罪の体系にそった答案」か否かです。「犯罪の体系なんて刑法の最初の方に習った話だけど，それすら守れない受験生が多いの？　ちょろくね？」と思った受験生もいるかもしれません。

　けれども，実際のところ本当に毎年「犯罪の体系を守って起案してくれ。全然できてない」という指摘がされているのです。

　もちろん他のことも記載されていますが，まずは「犯罪の体系にそった答案」を書けるようにすべきでしょう。

▼石橋MEMO▼

●平成21年採点実感

　問題文に示された具体的事実が持つ意味や重さを的確に評価することが求められているが，事実の持つ意味や重さを考慮せず，漫然と問題文中の事実を書き写すことで「事実を摘示し」たものと誤解している答案や，事実の持つ意味や重さについて不適切な評価をし，あるいは，自己の見解に沿うように事実の評価をねじ曲げる答案もあり，これらは低い評価となった。結局，無理のない自然な事実の評価をした上で，刑法の基本的解釈論を踏まえ，論理的整合性に留意しつつ適切な結論を導き出すことを心掛けることが肝要であって，このような姿勢で本問に臨めば，おのずと一定（「一つ」ではない。）の結論に到達し得るものと思われる。現に，多くの答案の結論は，おおむね一定の範囲に収まっていた。

●平成22年採点実感

　その結果，事案の特殊性を十分に考慮することのないまま，結論を導くのに必ずしも必要ではない典型的論点に関する論述を展開する答案や，事案の全体像を見ず，細部にとらわれ，問題となり得る刑法上の罪をできるだけ多く列挙し，その相互の関係や結論の妥当性を考慮しないような答案は，低い評価にならざるを得なかった。

●平成23年採点実感

　ただし，事実認定上又は法解釈上の重要な論点は手厚く論ずる一方で，必ずしも重要でない箇所では簡潔に論述するなど，いわゆる「メリハリ」を付ける工夫も必要となろう。…「優秀」と認められる答案とは，本問の事案を的確に分析した上で主要論点について検討を加え，甲乙丙の刑事責任について妥当な結論を導くとともに，そこに至る理由付けについても十分に論じているようなものである。特に，事実認定又は法規範への当てはめにおいて，必要な事実を抽出するだけでなく，それぞれ

大事!!
刑法は量が
多いからね

の事実が持つ意味も明らかにしつつ論じている**答案は高い評価を受けた。**「良好」な水準に達している答案とは，事案の全体像をおおむね的確に分析し，甲乙丙の刑事責任について妥当な結論を導くことができているものの，一部の主要論点についての論述を欠くもの，**主要な論点の検討において，関連する事実の抽出はできていても，その意味付けが不十分であるなどの点が認められたものである。**「一応の水準」に達している答案とは，複数の論点についての論述を欠くなどの問題はあるものの，刑法の基本的事柄については一応の理解を示しているような答案である。「不良」と認められる答案とは，**事案の分析がほとんどできていないもの，事案の解決に関係のない法解釈論を延々と展開しているもの，論点には気付いているものの，結論が著しく妥当でないものなどである。**

> 抽出＋評価で1セット！

●平成25年採点実感

本問において，構成要件の幹となる実行の着手等についての体系上の位置付けを理解していないと思われる答案が散見されたことを踏まえ，**刑法の学習においては，まずもって総論の理論体系，例えば，構成要件要素である実行行為，結果，因果関係，故意等の体系上の位置付けや相互の関係を十分に理解した上，これらを意識しつつ，各論に関する知識を修得することが必要であり，答案を書く際には，常に，論じようとしている論点が体系上どこに位置付けられるのかを意識しつつ，検討の順序にも十分に注意して論理的に論述することが必要である。**また，繰り返し指摘しているところであるが，**判例学習の際には，結論だけを丸暗記するのではなく，判例の事案を十分に分析した上，その判例が挙げた規範や考慮要素が刑法の体系上どこに位置付けられ，他のどのような事案や場面に当てはまるのかなどについてイメージを持つことが必要**と思われる。

> 頼む！！体系だけは死守してくれ！！

●平成27年採点実感

さらに，**法的三段論法の意識に乏しい答案も散見された。**すなわち，甲乙丙の罪責を論ずるに当たっては，客観的構成要件該当性，主観的構成要件該当性，あるいは急迫不正の侵害の有無等を論ずる必要があるところ，そのためには，**検討が必要となるそれぞれの規範を述べた上，事実を指摘して，これを当てはめる必要がある。**この法的三段論法を意識せず，事実を抜き出して，いきなり当てはめるという答案が散見され，**法的三段論法の重要性についての意識が乏しいのではないかと思われた。**もとより，前記のように重要度に応じて記述する必要があるから，すべての論述について形式的にも法的三段論法を踏む必要はないが，少なくとも，**規範定立を意識した答案が望まれる。**

●平成30年採点実感

名誉毀損罪の客観的構成要件要素について，それらの意義の理解が不正確な答案が散見された。例えば，公然性の論述において，「不特定又

> 基礎で差がつく！！

は多数人」が認識し得る状態とすべきところ，単に「不特定多数人」と記載するだけで，「又は」なのか「かつ」なのかが**不明瞭な答案**が多く見られた。また，伝播可能性に関する論述では，摘示の直接の相手方が特定かつ少数人であることの認定をしていない答案が散見された上，**規範なのか当てはめなのかが曖昧なまま，「伝播可能性があれば公然性が肯定される」とだけ指摘して終える答案**が相当数あり，伝播可能性の理論を肯定する理由付けについて言及できている答案が少なかった。さらに，「人の名誉」と「毀損」を区別して論じている**答案が少なかった**上，「毀損」の要件について，同罪を抽象的危険犯であると解しながら，「丙が甲に暴力を振るったとの話が広まった」という結果面を強調し，あたかも具体的な毀損結果の発生が必要であるかのように論じる答案が散見された。**主観的要件である故意の点については，全く検討していない答案**が相当数あった。また，この点を論じている答案においても，乙が「かねてから丙に対して抱いていた個人的な恨みを晴らそうと思った」ことを故意の内容として指摘するなど，認識・認容の対象となる事実が何かを正確に理解している答案は少なかった。

「なんとなく」を排斥しよう

あかんて…

●令和３年司法試験採点実感

　本問では，具体的な事例について，甲，乙，丙及び丁の罪責や，その理論構成，一定の結論を導くための説明やそれに対する反論を問うことにより，**刑法総論・各論の基本的な知識と問題点についての理解，事実関係を的確に分析・評価し，具体的事実に法規範を適用する能力，対立する複数の立場から論点を検討する能力，結論の妥当性や，その導出過程の論理性，論述力等を総合的に評価する**ことを基本方針として採点に当たった。いずれの設問の論述においても，各設問の内容に応じ，各事例の事実関係を法的に分析した上で，**事案の解決に必要な範囲で法解釈論を展開し，問題文に現れた事実を具体的に摘示しつつ法規範に当てはめて適切な理論構成の下に妥当な結論を導くこと，その導出過程が論理性を保持している**ことが求められる。特に，本問は事実関係が必ずしも単純でないため，細部の事実にとらわれすぎることなく，事案の全体像を正確に把握した上で，論じるべき内容を適切に選別，整理し，それをバランスよく答案構成に反映させることが必要である。

超大事！

●犯罪の体系を守る

　刑法では，**犯罪の体系を守った答案に点数がつきます**。逆に言えば，犯罪の体系を守らない答案には全く点数がつきません。

　ここで，「犯罪の体系を守って起案する」とは一体どのようなことを指すのでしょうか。

　採点実感にも指摘がありますが，以下の順番を守ることに他なりません。

たったそれだけのことです。

　構成要件（客観的構成要件→主観的構成要件）→違法性→責任→犯罪の成立
　→処罰阻却事由

　とても簡単なことなのに，添削をしていて「犯罪の体系を守りきれている答案」は半数もありません。何らかの形で犯罪の体系をミスった形で答案が構成されていることが多いです。

　特に，目的が主観的構成要件に含まれること，中止犯を論じる際は「中止した」→「自己の意思で」の順番であることは見落としがちです。

●事務処理力

　もう一つ，刑法は**事務処理力を問う問題が多い**のが特徴です。要は，**書くことが多い問題が出題**されます。

　採点実感には毎年，「メインは厚く，サブは薄く」というメリハリを意識すべき旨の記載があります。作問の際には，「事務処理力を問うこと」が意図されていると考えられます。

　答案において**事務処理力を見せつけるためには**，メインとサブの峻別ができることがマストです。そのためには，**問題文の事実の量，著名な判例の有無，当てはめが厚くなりやすい論点か否かといった視点**を養う必要があります。

　さらに，峻別が付けられたとして，「それを答案に表現するのか」まで事前に準備します。つまり，「甲が強盗目的でA宅に立ち入った行為は，住居権者の意思に反する立入りなので，「侵入」にあたる。」というような**三段論法を崩した書き方を研究**しておきます。

　(!) 崩し方を学ぶにあたっては，歌舞伎役者18代目中村勘三郎氏の「型があるから型破りができ，型が無ければ単なる型無しである」という名言通り，まずは基礎・基本である三段論法を身に付けることが先決です。原則である型を当たり前にしてから崩し方を学びましょう。

② 設問の種類，特徴について

重要度
★★☆☆☆
攻略難易度
★★☆☆☆

　刑法の問い方は大体毎年同じです。平成30年の司法試験以降は平成29年までの単なる行為者の罪責を問う問題とは違った問われ方が始まりましたが，それでも問いの種類が千差万別とは到底言えません。ですので，刑法に関しては，設問にビビる必要は全くないでしょう。

▼石橋MEMO▼

●平成23年採点実感

　なお，以下の記述において，**便宜上，出題の趣旨と同様に，本問の事案を三つの場面に分けて論ずる。**

●令和元年採点実感

　設問3は，丙がDの傷害結果に関する刑事責任を負わないとするための理論上の説明とその難点を検討させるものであったが，**重要な理論上の説明がいくつも存在することから，一つの説明のみではなく複数の説明とそれらの難点を検討する必要**があった。

なるほど

●令和2年採点実感

　…出題の趣旨でも示したように，設問1では，事例1における甲の罪責について，甲に成立する1項恐喝罪又は2項恐喝罪いずれかの被害額が，①600万円になるとの立場及び②100万円になるとの立場双方からの説明に言及しつつ，最終的に自説としてどのような構成でいかなる結論を採るのかを根拠とともに論じる必要があった。したがって，上記①及び②を小問形式と捉えて，それぞれの理論構成を別個に示したにとどまり，いかなる結論がいかなる理由で妥当であるのか，自説を論じていない答案は，低い評価にとどまった。

やりがちなミス！！

●刑法の出題傾向

　刑法の出題は，オーソドックスな「甲乙の罪責を答えよ」というものがほとんどです。各人に成立する犯罪を罪数も含めて検討させます。

　平成30年以降は，複数の道筋を閉めさせたうえで，最終的に自説を論じさせる問題や特定の立場を論じさせつつその立場の問題点にも言及させる問題も出題されるようになりました。複眼的思考を持ち合わせているかを試されていると言えます。

　単なる罪責を論じさせる問題の場合は判例通説の立場から論じるだけで足ります。それに対し，単なる罪責を論じさせる問題以外については，**自説以外の立場も押さえておく必要**があります。

　過去問からすると，短答式試験の学説問題を論文用に押さえておけば複数の立場を問う問題に十分対応できます。まずは**短答式試験の学説問題で問われている判例や論点について複数の立場及びその適用を学んでおけばよ**いでしょう。

※すべてを網羅しているわけではありませんのでご注意ください。

- 因果関係（危険の現実化説，相当因果関係説）
- 具体的事実の錯誤（抽象的法定符合説，具体的法定符合説）
- 防衛行為の結果が第三者に生じた場合（正当防衛，緊急避難，誤想防衛）
- 錯誤に基づく同意（判例，法益関係的錯誤説）
- 原因において自由な行為（間接正犯類似説，責任モデル）
- 不能犯（具体的危険説，客観的危険説）
- 「自己の意思により」（客観説，主観説，限定主観説）
- 故意ある幇助的道具（間接正犯，直接正犯，共謀共同正犯）
- 間接正犯の実行の着手時期（利用者基準，被利用者基準，個別化）
- 承継的共同正犯（全面肯定，全面否定，限定肯定）
- 共犯と身分（成立と科刑の分離を認める説，認めない説，違法身分と責任身分とする説）
- 保護責任者遺棄罪と殺人罪の不真正不作為犯の区別（殺意，作為義務）
- 真実性の証明に関する錯誤
- 公務と業務の関係
- 居直り強盗事案類型の処理
- 事後強盗の共犯の処理
- 最決昭和61年11月18日（百選Ⅱ39事件）における覚せい剤の受取行為，発砲行為の処理
- 詐欺罪における財産的損害の意義
- 横領後の横領と罪数
- 横領と背任の区別
- 放火罪における建造物の一体性
- 焼損の意義
- 公共の危険の認識の要否

3 刑法事例分析の視点

刑法はとにかく「行為」に着目して事例を読み進めることが基本です。なぜなら，犯罪は行為に成立するからです。問いがどのようなものであったとしても変わりません。刑法の事例分析の視点は非常にシンプルです。

▼石橋MEMO▼

●平成19年採点実感

甲及び乙の行為は，Aに対する一連の行為であるにもかかわらず，これを体当たり，押さえ付け，顔面殴打に分断し，各行為について，暴行罪又は傷害罪の構成要件該当性を論じた上，共謀の有無，正当防衛・過剰防衛の成否を論じるものが半数以上を占めていた。**行為を分析的に見ること自体は重要であるが，行為の全体を俯瞰して評価する視点が欠けているのではないかという疑問**を抱かざるを得なかった。

イーグル・アイを持とう！

●平成20年採点実感

次に，甲の罪責については，成立する犯罪の構成要件要素への当てはめ以前の問題として，**甲の行為を余りに分断的で細切れにとらえ，刑法的評価の前提となる甲の行為を的確に把握できていない答案**が散見された。例えば，甲のA方内での行動について，甲がカッターナイフの刃をBの目の前に突き出した行為は脅迫罪，甲がBに「静かにしろ。」等と言った行為は強要罪，甲がリビングボードに近づいた行為は，新たな別個の強盗（未遂）罪のように，事実のとらえ方が不適切な答案が目に付いた。…また，甲のBに対する強盗の成否については，多くの答案が強盗罪の成立要件に問題文の事実関係を示して当てはめるという論述を行っていたが，ここでも**問題文に記載された事実を書き写しただけで，「以上からすれば，強盗罪が成立する。」等と結論を示し，構成要件要素の法的な説明や挙示した事実の評価が抜け落ちているため，結論に至る筋道ないし思考過程が十分に読み取れず，高い評価を与えられない答案**が相当数あった。

●平成24年採点実感

甲乙両名の刑事責任を分析するに当たっては，**侵害された法益に着目した上で，どのような犯罪の成否が問題となるのかを判断し，各犯罪の構成要件要素を一つ一つ検討し，これに問題文に現れている事実を当てはめて犯罪の成否を検討すること及び問題文に現れている事実を丁寧に拾い出して甲乙の共犯性を検討する**ことになる。その際，**事実認定上及び法律解釈上重要な問題となる点については，手厚く論じる一方で，必ずしも重要ではない点については，簡潔に論じるなど，答案全体のバランスを考えた構成を工夫する必要**がある。

全要件検討！！

メリハリ大事！

●犯罪

　犯罪は行為に成立します。それゆえ，刑法の事例問題を読み解く際は**とにかく罪責を問われている人物の行為を一度すべて抽出し，犯罪として検討すべきか否かのふるいにかけ，あとは一つ一つ丁寧に分析する**ことが基軸となります。

　その際，「一連の行為と見るか」「別個と見るか否か」という判断をしなければならない難しい出題がされることもあります。そのような問題については，「判例の有無」「行為を一体と見るのが自然か否か」という観点から判断します。

　さらに，段落が分けられている場合には注意が必要です。

　ただ段落が分けられているのみならず，特にナンバリングまで変更しているような場合には，出題者が場面をあえて分けていると考えられます。ここから，異なる検討対象となる行為が出現する予兆を嗅ぎ取るべきでしょう。

4 書き方，考え方

重要度
★★★★★
攻略難易度
★★★★★

犯罪の体系に沿った検討が重要です。それが書き方と考え方のすべてといっても過言ではありません。「お前，それしか言ってないじゃないか」とお叱りを受けるかもしれませんが，本当にこのことこそが大事なのです。

「有印私文書偽造罪を犯罪の体系にそって起案するならどう書きますか？」

「事後強盗罪を犯罪の体系に沿って起案するならどう書きますか？」

この質問に答えられない受験生は要チェックです！

▼石橋MEMO▼

●平成21年出題趣旨

論述においては，刑法解釈上の論点に関する学説等の立場・見解の相違によって結論が異なり得る個々の問題点については，自らの採る結論のみならず，それが正当であるとする論拠を説得的に論述することが必要である。ただし，その場合，飽くまでも本問の事実関係を前提に，結論を導くのに必要な点を中心に論ずるべきであって，本問の事実関係からかけ離れた一般論や結論を左右しない論点に関する理論的対立の検討に力を注ぐのは出題意図にかなうものとは言えないであろう。

●平成23年採点実感

3名の刑事責任を分析するに当たっては，刑法総論の理論体系に従い，まず構成要件該当性，次に違法性（違法性阻却事由の有無）という順序で検討し，問題となる構成要件要素や正当防衛等の成立要件を一つ一つ吟味すべきである。…刑法においては，総論の理論体系を十分に理解した上で，体系上の位置付けを意識しつつ，各論等に関する知識を修得することが肝要である。答案においても，論じようとする問題の体系上の位置付けを明らかにしつつ，検討の順序にも十分に配慮しながら，論理的に論述することが求められる。

体系守らないで
何を守るんや…

●平成27年採点実感

なお，甲のこの点の罪責を論じるに当たって，業務上横領罪ではないから窃盗罪が成立するなどと結論付ける答案も見られた。比喩的に言えば，A罪とB罪の区別が問題となることもあり得るが，A罪が成立しないから当然B罪が成立するわけではなく，B罪が成立するためには同罪の構成要件に該当することが必要なのであって，その検討が必要であるとの意識が乏しい受験者もいると思われた。…刑法の学習においては，総論の理論体系，例えば，実行行為，結果，因果関係，故意等の体系上の位置付けや相互の関係を十分に理解した上，これらを意識しつつ，検

毎年同じこと
言ってるよね。
ってことは…

討の順序にも十分注意して論理的に論述することが必要である。

●平成28年出題趣旨

　なお，丙の罪責に関しては，前述以外にも，乙と丙は強盗罪の実行行為の一部を共同しているとして強盗罪の範囲で共同正犯が成立するとする見解や，丙には窃盗罪の他に強盗罪の幇助犯が成立するとする見解などが存する。このように種々の見解が存することから，**承継的共犯の規範定立に当たっては，自説のみを論じるのではなく反対説を意識して論述するのが望ましいものといえ**，また，**承継的共犯に関しては近時の判例**（最二決平成24年11月6日刑集66巻11号1281頁）**もあることから，その点も意識した論述ができることがより望ましいものといえる。**

●令和元年出題趣旨

　窃盗罪の構成要件該当性を検討することになり，**客観的構成要件要素**として「他人の財物」，「窃取」を，**主観的構成要件要素として故意及び不法領得の意思を，それぞれ検討する必要がある。**…詐欺罪の構成要件該当性を検討することになり，**客観的構成要件要素として「財物」，「欺罔行為」，「処分行為」を，主観的構成要件要素として故意及び不法領得の意思を，それぞれ検討する必要がある。**

採点が要件に沿ってなされていることがよくわかる!!

●令和3年採点実感

　刑法の学習においては，刑法の基本概念の理解を前提に，**論点の所在を把握するとともに，各論点の位置付けや相互の関連性を十分に整理し，犯罪論の体系的処理の手法を身に付けることが重要である。**一般的に重要と考えられる**論点を学習するに当たっては，犯罪成立要件との関係で，なぜその点が問題となっているのかを明確に意識しつつ，複数の見解の根拠や難点等に踏み込んで検討することなどを通じて，当該論点の理解を一層深めることが望まれる。**また，刑法各論の分野においても，各罪を独立して学習するだけではなく，例えば，財産犯であれば，財産犯全体に共通する総論的，横断的事項や各犯罪類型の区別基準を意識した学習が望まれる。これらの論点に関する理解を深めた上で，事案の全体像を俯瞰しつつ，一定の事実を法的に評価し，その解決において必要となる問題点を適切に抽出するための法的思考能力を身に付けることが肝要である。さらに，これまでにも繰り返し指摘しているところであるが，**判例を学習する際には，結論のみならず，当該判例の前提となっている具体的事実を意識し，結論に至るまでの理論構成を理解した上で，その判例が述べる規範の体系上の位置付けや，その射程や理論構成上の課題について検討し理解することが必要である。**このような観点から，法科大学院教育においては，まずは刑法の基本的知識及び体系的理解の修得に力点を置いた上，刑法上の諸論点に関する問題意識（なぜ問題となるのか）を喚起しつつ，その理解を深めさせ，さらに，判例の学習等を通じ具体的事案の検討を行うなどして，正解思考に陥らずに幅広く妥当な

最強のご指摘です。ありがとう

ぐうの音もでません

144

結論やそれを支える理論構成を導き出す能力を涵養するよう，より一層
努めていただきたい。

●犯罪の体系に沿った出題

　刑法は結局，「犯罪の体系に沿った」出題がなされます。答案の「書き方」
「考え方」も「犯罪の体系に沿って」いることが重要です。
　犯罪の体系については前述しました。以下の順番を守ります。

　構成要件（客観的構成要件→主観的構成要件）→違法性→責任→犯罪の成立
　→処罰阻却事由の順番を必ず守って起案すること，客観→主観の順番

　事例問題を検討する際，「なんとなく不法領得の意思が問題になるのかな」
というふわふわしたレベルで考えていては太刀打ちできません。

　窃盗罪の客観的構成要件の「他人の財物」の意義は○○だからこの事実が当ては
まるので問題なし。「窃取」は○○を意味するからこの事実が当てはまって問題なし。
故意の意義は○○だからこの事実が当てはまって問題なし。不法領得の意思は○○
を意味するけど…あれ，この事実って当てはまるのかな。なるほど，疑義が生じる
ような問題文になってるから，ここが厚く論じてほしいポイントなんだ。よし，メ
インとしてしっかり論じよう。

　頭の中で上記のように緻密に検討します。そうやって争点をあぶりだし，か
つ，その思考過程をすべて答案上に表現します。

　(!) 徹底すればするほど刑法は点数が伸びます。日頃から怠らないようにしましょ
　　う。なお，前述通り判例の立場だけを押さえれば足りるものでもありません。学
　　説の理解についても怠らないように心掛けましょう。

第 9 章

刑事訴訟法

刑事訴訟法の　論文答案の　書き方が　知りたい。
　▷基本に　忠実に　書く。
　　刑事さんに　話を　聞く。
　　諦めて　刑事ドラマ　を　見る。
　　そっと　目を閉じる。

1 採点方針について

　刑事訴訟法の採点方針はおそらく非常にシンプルです。

　評価されるのは，条文を中心とした答案，三段論法を意識している答案，判例法理を正確に規範定立に示せている答案，問題文にふんだんに盛り込まれた事実を適切な箇所で抽出し評価できている答案。

　ほかの科目で求められている基本をストレートに求めています。

　だからこそ，問い方もシンプルなものがほとんどです。採点実感を読み込んで得意科目にしましょう！

▼石橋MEMO▼

●平成20年採点実感

　全般的・総括的には，新司法試験が志向している法解釈とこれに則して具体的な事実関係を分析した論述がなされている答案が大半であった。これは法科大学院における刑事実務を意識した理論教育が定着の方向にある成果と感じられる。設問1については，要証事実を的確に理解した上で，伝聞及び再伝聞の法解釈等も的確になされている答案が少なからずあり，また，設問2については，「必要な処分」等の法解釈を的確に論述し，事実関係を的確に分析・検討した上で当てはめることができている答案が多数見受けられた。他方，**不正確な抽象的法解釈を機械的に暗記し，これを断片的に記述しているかのような答案**も見受けられたほか，前回のヒアリングでも指摘したところであるが，**関連条文から解釈論を論述・展開することなく，問題文中の事実をただ書き写しているか**のような解答もあり，法律試験の答案の体をなしていないものもあった。…法適用に関しては，事例に含まれている供述に付随する外部的な情況にかかわる具体的事実を抽出・分析することが肝要であり，相当数の答案が問題文にある必要かつ十分な具体的事実を抽出できていた。これは法科大学院教育のよい成果と思われる。ただ，更に踏み込んで個々の事実が持つ意味，例えば，**その日にあった出来事をその都度記載しているとか本件ノートを他人に見せることを予定しておらずうそを記載する理由がないことなどについても検討している答案は少数**であり，学習に際しては，具体的事実の抽出能力に加えて，その事実が持つ法的意味を意識して分析する能力の体得が望まれるところである。

> 刑訴の思考プロセスも条文中心!!

> 抽出＋評価は1セット!!

●平成22年採点実感

　答案の評価について説明すると，「優秀」と認められる答案とは，設問1については，刑事訴訟法第221条に定める遺留物の領置や同法第218条第1項に定める捜索，差押え及び検証の法解釈について的確に論じた

上で，各捜査ごとに個々の事例中に現れた具体的事実を的確に抽出，分析しながらその適法性を論じており，また，設問2については，前提となる捜査の適法性について的確に論じた上で，本件での要証事実を的確に理解し，捜査報告書全体，会話部分及び説明部分とを分けて詳細な論述をしているような真に伝聞法則を理解していると見られる答案である。このような出題の趣旨を踏まえた十分な論述がなされている答案は少なかった。次に，「良好」な水準に達していると認められる答案とは，設問1については，領置や捜索，差押え及び検証の**法解釈について一応の考え方を示した上で，問題文から必要かつ十分な具体的事実を抽出できてはいたが，更に踏み込んで個々の事実が持つ意味を深く考えることが望まれたような答案**である。また，設問2については，おとり捜査や秘密録音といった前提となる捜査の適法性について検討し，伝聞法則についても一応の論述ができてはいるものの，本件での具体的な事実関係を前提に，要証事実を的確にとらえることができていないような答案がこれに当たる。次に，「一応の水準」に達していると認められる答案とは，**領置等の法解釈について一応の考え方は示されているものの，具体的事実の抽出，当てはめが不十分であるか，法解釈については十分に論じていないものの，問題文から必要な具体的事実を抽出して一応の結論を導くことができていたような答案**である。設問2については，伝聞法則等の知識があり，一応これを踏まえた論述ができてはいるものの，本件での具体的な事実関係を前提に，要証事実を的確にとらえることができていないような答案である。「不良」と認められる答案とは，例えば，伝聞法則など刑事訴訟法の基本的な原則の意味を真に理解することなく機械的に暗記して，これを断片的に記述しているかのような答案や**関連条文から解釈論を論述・展開することなく，問題文中の事実をただ書き写しているかのような答案**など，基本的な理解・能力の欠如が表れているものである。

　具体的には，設問1については，投棄されたごみ袋を持ち帰り復元する行為等について，強制処分に該当するか否か，単に任意捜査として許されるか否かという観点からのみ論じているような答案がこれに当たる。また，この水準に該当する答案の中には，各捜査について，個々の具体的な事実関係が問題文中に現れているにもかかわらず，これを全く抽出，分析していない答案もあった。設問2については，前記のとおり，捜査報告書自体の伝聞性を無視したり，会話の主体ごとに分断して伝聞例外規定を論ずるなど，およそ伝聞法則を全く理解していないとしか評しようのない答案である。

●平成25年採点実感

　【差押え】については，本事例では，司法警察員Ｐは，逮捕の約10分後に本件【差押え】を実施しており，同法第220条第1項の「逮捕する場合」の要件を満たすことは明らかである。それにもかかわらず，この

刑事系はとにかくメリハリ!!

点について相当の分量を割いて論述する答案が散見され，事例に即して論じる健全な感覚を欠き，無意味なマニュアル的論述に終始する弊に陥っているのではないかと危惧された。

●平成26年採点実感

実務教育との有機的連携の下，通常の捜査・公判の過程を俯瞰し，刑事手続上の基本原則や制度がその過程の中のどのような局面で働くのか，**各局面ごとに各当事者は何を行わなければならないのか，それがどのよ**うに積み重なって手続が進むのか等，刑事手続を動態として理解しておくことの重要性を強調しておきたい。

> 予備の刑事実務が活きるね！

●平成28年採点実感

〔設問１〕に関し，「留め置きの任意捜査としての適法性を判断するに当たっては，本件留め置きが，純粋に任意捜査として行われている段階と，強制採尿令状の執行に向けて行われた段階とからなっていることに留意する必要があり，両者を一括して判断するのは相当でないと解される。」とする裁判例があるが（東京高裁平成21年７月１日判決判タ1314号302頁等），**本設問は，必ずしも同裁判例の考え方に準拠した解答を求めるものではないから，同裁判例を知らなかったとしても，法科大学院の授業で取り上げられる強制処分と任意処分の区別及び任意捜査の限界に関する基本的な問題点を理解していれば，これを基に十分な解答が可能であろう。**また，〔設問４〕については，公判前整理手続で明示されたアリバイ主張に関し，その内容を更に具体化する被告人質問等を刑事訴訟法第295条第１項により制限することの可否について判示した最高裁決定があるところ（最二決平成27年５月25日刑集69巻４号636頁），**本設問も，同決定の理解を問う趣旨のものではなく，設問に現れた事実関係を適切に分析した上で，公判前整理手続の趣旨に立ち返った論述を求める趣旨のものであって，最新判例に関する知識よりも，むしろ刑事訴訟法に関する基本的な理解を基礎とした柔軟で実践的な考察力の有無を問うものである。**

> 応用問題は基礎からどう考えるかを問うているのです。知っているかでは断じてない！！

●令和４年刑事訴訟法採点実感

「不良の水準」にとどまると認められる答案…は，刑事訴訟法上の基本的な原則の意味を理解することなく機械的に暗記し，これを断片的に記述しているだけの答案や，**関係条文・法原則を踏まえた法解釈を論述・展開することなく，事例中の事実をただ書き写しているかのような答案等，法律学に関する基本的学識と能力の欠如が露呈しているもので**ある。

> 逆に条文を踏まえないでどうやって答案を作るのか教えてほしい…

●刑事訴訟法の出題

刑事訴訟法の出題はオーソドックスなものがほとんどです。捜査の適法性や証拠の証拠能力を正面から問われます。

条文を出発点として，判例通説を用いながら事例の解決を図るというのはほかの科目と同様です。

つまり，**問いに答える，三段論法を守る，条文の要件を全部検討する，解釈が必要な要件のみ条文の趣旨から解釈する，抽出した事実に一言評価を加える，結論を示す**ということがしっかりできている答案が高評価を与えられます。

平成27年の最後の設問は，試験直前に発売された重要判例解説に記載されている判例が下敷きになっている刑事手続に関する設問でした。

百選判例は受験生としては当然に押さえなければなりませんが，重要判例解説はそうではありません。

採点実感にも書いてありますが，このような最新判例が出題されたとしても，出題の意図は判例を知っていることではありません。

法解釈の基本（条文から始まり条文で終わる，解釈は法の趣旨から考える，三段論法等）が身に付いているかを確かめることです。

つまり，**刑事訴訟法の細々とした判例を追いかけるような勉強をするのではなく，判例百選に掲載されている基本判例の事案やロジック，当てはめ方，それらに対する評価といった基礎・基本を深めていくような勉強を行うべき**です。

●刑事手続の流れの学び方

なお，刑事手続の流れをいち早く学びたいのであれば，予備試験の刑事実務科目の問題を2～3年分（平成26年以降にしましょう。23年～25年は出題傾向が現在の試験問題とは異なり，刑事手続を学ぶという用途には向いていません）と六法を用意し，問題文を読みながらすべての手続の根拠条文を六法から探してメモを取るという作業をしてみましょう。

予備試験の刑事実務科目の問題には，刑事手続が圧縮されています。短時間で全体像をリアルな事実関係と共に学べます。

●当てはめ

　最後に，当てはめレベルについては，事実の評価について十分か否かが良好な答案とそうでない答案の分水嶺となります。

　さらに，事実の抽出が十分である前提で，評価がしっかり行われているか否かが，優秀な答案と良好な答案の分水嶺であることが採点実感からわかります。

　当てはめでは，「事実はコピペで全抽出すること」「原則は『1事実1評価』とし，例外的に『1事実1評価』を外すこと」を意識しましょう。

2 設問の種類，特徴について

重要度
★★☆☆☆
攻略難易度
★★☆☆☆

　　刑事訴訟法の設問はシンプルです。過去問をしっかり解くことは大前提として，「問いに答える」ことを徹底します。そうすれば設問の種類で面喰らうことはないでしょう。

●令和元年採点実感

▼石橋MEMO▼

　なお，自説の理論構成の提示と具体的事実への当てはめのみならず，反対説の理論構成の提示とその当てはめをも求めている趣旨は，別件逮捕・勾留の適法性の論点に関する諸学説を闇雲に暗記することを求めるものではなく，別件逮捕・勾留の適法性について，視座を異にする二つの考え方を検討するよう求めることで，両者の考え方にどのような違いがあり，なぜそうした違いが生じるのか，すなわち別件逮捕・勾留の問題が議論される本質的理由がどこにあるのかについて深く理解できているかを問う趣旨である。さらに，そのような理解を前提に，自己の拠って立つ理論構成を示すに当たって，自説の正当性のみならず，反対説に対する批判・反論を論じさせることにより，別件逮捕・勾留の問題への対処についての理解の深さを問う趣旨である。

> 暗記勢を排斥しようという強い意気ごみを感じるね！いいね!!

●複数の立場から論じさせる問題

　刑事訴訟法の問題はオーソドックスな出題がほとんどです。ただ，令和元年以降には，**刑事訴訟法でも刑法のような複数の立場から論じさせる問題**が見られるようになりました。

　判例と学説の対立が激しい分野であったり，複数の学説が乱立している分野については，有力な立場を理解しておき，適用できるように準備して対策しましょう。

※すべてを網羅しているわけではありませんのでご注意ください。

- ●「強制の処分」の意義
- ●別件逮捕・勾留の処理
- ●余罪取調べの可否及び限界
- ●220条1項3号，1号の趣旨及び「逮捕する場合」「逮捕の現場」の解釈
- ●別件捜索差押えの処理
- ●強制採尿令状
- ●強制採血令状
- ●嚥下物の差押えに要する令状の種類
- ●328条における「証拠」の意義（弾劾証拠，増強証拠，回復証拠）
- ●自白法則
- ●補強の範囲
- ●択一的認定の可否（平成24年司法試験，札幌公判昭61年3月24日）

③ 刑事訴訟法事例分析の視点

刑事手続に慣れている受験生はそう多くありません。

問題文を読んでいても捜査機関が行っている行為や裁判所検察官の所作の意味がわからず，事案を把握することが難しく感じるかもしれません。

刑事訴訟法の事例分析のスタートラインは捜査機関等の行為に着目することです。普段の学習から制度や手続が「どのような場面で」「どのように」「どのような理由で」行われるのかまで具体的に把握します。慣れれば，事例分析がラクになるはずです！

●令和２年採点実感

▼石橋MEMO▼

本年の問題も，昨年までと同様，比較的長文の事例を設定し，その捜査及び公判の過程に現れた刑事手続上の問題点について，問題の所在を的確に把握し，その法的解決に重要な具体的事実を抽出して分析した上，これに的確な法解釈を経て導かれた法準則を適用して一定の結論を導き出すとともに，その過程を筋道立てて説得的に論述することが求められている。これを通じて，法律実務家になるために必要な刑事訴訟法に関する基本的学識，事案分析能力，法解釈・適用能力，論理的思考力，論述能力等を試すものである。

> 端的かつ濃厚な指摘であると，そう思えたら勝ち！合格目前です！！

●事例分析

刑事訴訟法の事例分析は，まず**捜査機関の捜査や訴訟法上の行為に着目すること**から始まります。捜査や行為に適用される法準則を決定し，あとはその要件をすべて検討します。これは，ほかの科目と変わりません。

ただ，刑事訴訟法の問題文には，いわゆる**当てはめに関する事実が多く散りばめられています**。そのため，問題文の「どこに・どのような事実があったのか」が把握しづらくなります。

また，捜査手法に対するイメージが湧かず，問題文中の事実を「どの条文の・どの要件で」用いるのかがわからないことがあります。

普段から，論点の論証を覚えるだけではなく，次の作業を心掛けることをおすすめします。

● その論点の最終規範の**考慮要素**までストックしておくこと
● 論点が生じた判例の事案を把握して実際に判例の事実関係を最終規範に自分で当てはめてみること
● 判例の当てはめ方と自分で行った当てはめが一致しているかを確認し，不一致の場合は理由も考えておくこと

　普段からこれらを行うことにより，ある論点で拾うべき事実が明確になります。結果として問題文も読みやすく，事例を分析しやすくなります。

　また，公判以降の話については，問題文中の訴訟当事者の行為の意味や手続の流れを知らないで問題文を読んでも，チンプンカンプンです。

　それゆえ，論点ばかり勉強するのではなく，**刑事手続を具体的な事例とともに説明するような書籍を読んでイメージを膨らませておく**のもよいでしょう。具体的な事例とともに，というのが肝で，条文の羅列だけ見てもイメージは膨らみません。

　さらに，予備試験短答式試験の公判以降の手続に関する問題を事例形式で解くのもよいでしょう。このように，抽象論を具体化してイメージする工夫を普段の学習に取り入れることが，事例分析においては大事です。

⊙ 事例分析や答案の質にも関わるところなので考慮要素について少しお話しさせてください。

　例えば超頻出論点である〔任意捜査の限界〕では「捜査の必要性」を事案に即して認定しなければなりません。

　しかしながら，「捜査の必要性」という言葉は非常に抽象的ですので，それ自体を覚えていてもどの事実が「捜査の必要性」を基礎付けるのかがわからず，結果として「何となくこの事実が使えそう」と思った事実のみを恣意的に抽出することになり，網羅性に欠けた穴あき答案が大量に量産されてしまっている現状があります。

　このような事態を避けるためにも「捜査の必要性」という最終規範の「考慮要素」をストックして欲しいんですね。

　私は普段指導の中で「『捜査の必要性』については『事案の性質，嫌疑の程度，証拠価値，代替手段の有無，緊急性，現行犯性』あたりの考慮要素をあらかじめストックしておき，現行犯性以外はどのような事案でもそれに該当しそうな事実

が問題文に転がっているから，考慮要素ごとにまずは抽出しきろう。その上で，抽出した事実があるとなぜ『必要性』を基礎付けるのかについて自分の言葉で具体的に評価してみよう。」と述べています。

この網羅的な抽出と一つ一つの事実に対する評価ができればそれだけで答案は厚みを増すし，現場では十分合格答案になります。

その上で，さらに高みを目指したいのであれば，例えば事案の性質については何でも重大と評価するのではなく，保護法益が害されている程度に着目してなぜ重大と言えるのかまで考えます。嫌疑については時系列に沿って段々高まっていくのが通常なので，答案上にも嫌疑が段々高まっていくリアルな流れを反映させ，代替手段性については類似の捜査手法との比較の視点まで盛り込みます（例えば，ビデオカメラ撮影なのであれば，なぜ秘密録音だけでは不十分なのか，なぜ写真撮影だけでは不十分なのかを考える等）。

このように，考慮要素まで押さえた上で起案することを心掛けていれば，問題文を読んでいる最中に「あ，この事実は嫌疑に関する事実だな，この事実は証拠価値に関する事実だな」といったアタリをつけることができ，事例分析のスムーズさが増します。

考慮要素は判例の当てはめ部分で用いられている事実を抽象化したり，各予備校の答案例で用いられている事実を抽象化したり，刑事事実認定の本から拝借することでストックできます。必ずやっておいていただきたいと思います。

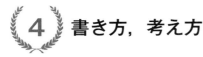

4 書き方，考え方

　ほかの科目と重複していますので，ここまで読まれた皆さんには「もうわかっているよ！」という内容です。

　刑事訴訟法においても，法を使って目の前の事案を解決するということになります。

　刑事訴訟法の出題趣旨を全科目の締めとしましょう！

●平成30年出題趣旨

　このように，本設問の解答に当たっては，強制処分，任意処分それぞれに対する法的規律の趣旨・根拠を踏まえつつ，判例の考え方にも留意して，強制処分と任意処分を区別する基準や，強制処分又は任意処分の適否の判断方法を提示した上，本設問の事例に現れた具体的事実が，その判断方法において，果たして，またどのような意味を持つのかを意識しながら，下線部①及び下線部②の各捜査の適法性を検討する必要がある。…前提として，刑事訴訟法第320条第1項のいわゆる伝聞法則の趣旨を踏まえ，同項の適用の有無，すなわち伝聞と非伝聞の区別基準を示すことが求められる。この区別は，当該証拠によって何をどのように証明しようとするかによって決まり，具体的には，公判外供述を内容とする供述又は書面を，公判外の原供述の内容の真実性を証明するために用いるか否かによるとされるのが一般的である。その上で，本件メモ及び本件領収書について，本事例において明示された立証趣旨を踏まえて，想定される立証上の使用方法に鑑み，伝聞・非伝聞の別について分析するとともに，伝聞証拠に該当する場合には，各書面に相応する伝聞例外規定を摘示した上，その要件を充足するか否かについて，また，非伝聞証拠に該当する場合には，いかなる推論過程を経れば，（記載内容の真実性を問題とすることなしに）立証趣旨に則した事実を推認することができるのかについて，それぞれ的確かつ丁寧な検討，説明を行うことが求められる。

▼石橋MEMO▼

- 条文中心！
- 法解釈は文言×趣旨！
- 当てはめは抽出と評価で1セット！！
- 基礎が大事！！「結局，全科目一緒じゃん」って感覚になれば合格目前！！

平成30年の出題趣旨を引用したのは，刑事訴訟法においても，刑法と同様の以下のことが大事であると明確に述べられていたからです。

- ●問いに答える
- ●三段論法を守る
- ●条文の要件を全部検討する
- ●解釈が必要な要件のみ条文の趣旨から解釈する
- ●抽出した事実に一言評価を加える
- ●結論を示す

　まさに基礎・基本がしっかりできている答案こそ高評価につながります。特に刑事訴訟法は答案の型がある科目です。上のポイントを徹底するようにしましょう。

おわりに

　皆さん，本書を読んだ感想はいかがでしょうか。

　「自分のこれまでの学習は正しかったんだ」と自信を持たれた方，「こんなことを求めていたのか。知らなかった」と思って自分の勉強方法を修正しようと考えた方，色々いらっしゃると思います。

　もちろん，司法試験や予備試験の本試験では時間制限が設けてあります。そのうえ，極度の緊張を味わいます。そのため，試験委員が求めている事項をすべてクリアすることは不可能です。

　しかしながら，司法試験予備試験における「合格」は，試験委員が求めている水準をクリアすることではなく，試験委員が求めている水準にどこまで近づいていけるかによって決まるものです。

　そして，本試験でその水準に近づく答案を起案するためには，普段の勉強の質をゴールとの関係で高め続け，「合格」するための勉強方法を構築する以外に道はありません。

　司法試験予備試験は文系最難関資格と呼ばれます。これまで，様々な属性の合格者を多く見てきました。合格者はそれぞれおかれた環境やこれまでの経歴は様々であるものの，平素から自分を見つめ直し，方法論を模索し，それを試行錯誤することを厭わない方ばかりでした。

　この攻略マニュアルを「合格」に向けてどう使いこなすかは皆さん次第です。「使いこなすか，使いこなすか」の２択ですよね（笑）！合格のために絶対使い倒してください！！

　長くなりましたが，最後に私の好きな言葉を紹介して締めます。皆さんは西尾維新さんの「化物語」シリーズをご存じでしょうか。内容は是非アニメや原作を見て確認してほしいのですが，その中の登場人物の忍野メメというキャラの言葉の中に以下があります。

　「人は一人で勝手に助かるだけ。誰かが誰かを助けることなど出来ない」

　この言葉自体の解釈は色々とありますが，私は「アドバイスを周りからする

ことはできるけど，結局決定して行動するのは自分にしかできない。だから動け」という意味合いだと思っています。

　勉強は本質的に孤独な作業です。

　結局やるかやらないかは自分次第です。それ以上でもそれ以下でもありません。

　私は読者の皆さん自身ではありません。それゆえ，皆さんに合格を「はい，どうぞ」と持ってくることはできません。ですが，書籍を通じて皆さんが「合格」をつかみ取るお手伝いをすることはできるのではないか。そんな思いで本書を執筆しました。

　本書を用いて皆さんが「合格」の2文字をつかみ取り，人生を鮮やかにする司法試験予備試験の「合格」という武器を使って楽しい人生を歩まれることを心の底から願っております。

元ぎゃるお先生　石橋侑大

石橋　侑大（いしばし　ゆうだい）

元ギャル男にして，現司法試験予備校専任講師。

慶應義塾大学法学部法律学科卒。中央大学法科大学院在学中に予備試験に合格して中退，司法試験合格後，司法修習を経て，弁護士登録をすることなく司法試験予備校専任講師となる。「俺の生徒にとってのオンリーワンでナンバーワン」をモットーに，個別指導を中心に，年間約2,400通の添削指導を行う。この他，受験生同士の交流会や学生，社会人向けの勉強会を実施するなど，イベンターとしても活躍。

趣味はグルメ，お酒，サッカー，日サロ。地中海西海岸が似合う男を目指して邁進中。著書に『司法試験・予備試験Q＆A50　論文答案ってどう書くの？』（中央経済社）がある。

Twitter：@yudai1122yudai

Youtube「元ぎゃるお先生のちゃんねる」

司法試験・予備試験　出題趣旨・採点実感アナリティクス

論文対策の道しるべ

2023年3月30日　第1版第1刷発行
2023年7月15日　第1版第3刷発行

著　者	石　橋　侑　大	
発行者	山　本　　　継	
発行所	㈱中央経済社	
発売元	㈱中央経済グループ パブリッシング	

〒101-0051　東京都千代田区神田神保町1-35
電話　03（3293）3371（編集代表）
　　　03（3293）3381（営業代表）
https://www.chuokeizai.co.jp
印刷／文唱堂印刷㈱
製本／㈲井上製本所

© 2023
Printed in Japan